KB242311

성공의 기술

GOT WHAT IT TAKES?

성공의 기술

GOT WHAT IT TAKES?

빌 보그스 지음 / 다니엘 최 · 최우수 옮김

행복우물

초판 1쇄 발행 2008년 4월 15일

지 은 이   빌 보그스
옮 긴 이   다니엘 최 · 최우수
펴 낸 이   최대석
펴 낸 곳   행복우물

교   정   오정세
디 자 인   콩디자인

등록번호   제307-2007-14호
등 록 일   2006년 10월 27일

주   소   136-060 서울 성북구 돈암동 609-1
            한신아파트 상가 동관 706호
전   화   02)921-0491
팩   스   02)921-0493
이 메 일   danielcds@naver.com

정가 13,000원
ISBN 978-89-959482-5-5

＊잘못된 책은 교환해 드립니다.

제 4 부 성공 앞에 놓여있는 장애물들

제 5 부 성공을 위한 조언

방송사의 쇼 비즈니스 분야에서 일하던 지난 30년 동안 나는 수많은 유명인사들과 인터뷰 할 수 있는 특권을 누렸다. 인터뷰를 할 때 마다 나는 '어떻게 이 사람은 저 사람보다 더 성공하고 영향력 있는 사람이 되었을까?' 또는 '도대체 사람이 성공하는 데 있어서 그 비밀은 무엇일까?' 하는 궁금증에 사로잡혀 지냈다. 당신이 TV에서 어느 댄스그룹의 춤과 음악을 본다고 하자. 왜 어떤 댄서는 톱스타가 되어서 화려한 조명을 받는데, 왜 또 다른 댄서들은 무대의 저 편으로 밀려 난다고 생각하는가? 이번에는 대기업에 막 입사한 신입사원들의 예를 들어보자.

왜 모든 신입사원들이 그 집단에서 최고가 되기를 열망하지만, 거의 대다수가 중도에서 탈락하고, 그 중에서 오직 한 사람만이 최고의 자리까지 승진하게 되는가? 그것은 단지 그의 선천적인 탤런트가 다른 사람들보다 더 뛰어나기 때문인가? 아니면 그 사람은 자기계발 또는 자기창조의 재능이 출중하기 때문인가? 또는 다른 사람보다 더 많은 행운이 따랐던 것일까? 그 모든 장애를 극복하고 그를 성공하게 하는 것은 과연 어떤 내적인 자질이며 외적인 능력일까? 그의 개성이나 성격 형성상의 낙관주의, 넘쳐나는 정열, 혹은 패배를 죽어도 받아들이지 못하는 기질 같은 문제일까? 이도 저도 아니면, 혹시 인맥의 문제일까?

그것은 물론 이 모든 요소의 종합일 수도 있다. 나는 지난 오랜 세월동안 내가 갖고 있던 이 궁금증에 관한 비밀을 벗겨보려고, 우리 시대의 각계각층에서 명실공히 리더라고 일컬어지는 사람들 속에 숨겨져 있는 성공의 숨은 요소들을 찾아내는 일에 착수하였고 그 일을 위하여 40명의 세계적인 유명인사들을 인터뷰하였다. 그 결과 그들로부터 각기 다른 버전(Version)의 '성공의 숨은 요소'들을 발견하게 되었다. 이제부터 당신은 그 숨겨진 요소들을 찾아 나와 함께 여행을 떠나게 될 것이다. 아무쪼록 우리 모두에게 즐겁고 유익한 여행이 되기를!

New York에서
Bill Boggs

"위대한 사람들은 그들의 삶을 통해 이야기한다.

우리들의 삶을 고귀하게 엮어 가라고.

시간의 모래밭에 헛되이 부서질 발자국만 남기고 떠나지 말라고…"

– Henry Wadworth Longfellow, 1838 –

등장인물들의 프로필

　　도널드 트럼프(Donald Trumph)의 이름은 '성공'이란 이름과 동의어
가 되어 버렸다. 1946년 뉴욕의 퀸즈에서 독일 이민 4세대의 가정에서
태어난 그는 뉴욕에 있는 군사학교를 졸업한 후에 펜실배니아 대학원
와튼스쿨에 입학하여 학위를 받고는 곧바로 아버지의 대를 이어 부동산
사업에 뛰어들게 된다. 그는 특히 뉴욕, 시카고 등 대도시의 부동산 재
개발사업에 집중 투자함으로써 오늘날과 같은 거대 부동산제국을 일구
게 되었다. 트럼프 그룹의 회장으로서 그가 소유한 대표적인 부동산들
로는, 유엔본부 근처의 트럼프월드타워, 뉴욕 5번가의 트럼프타워, 시카
고의 트럼프 인터내셔널 호텔, 라스베이거스의 트럼프 인터내셔널호텔,
팜비치의 Mar-A-Lago 골프코스, 애틀란틱 시티의 타즈마할 카지노 호
텔 등이 있다. 그러나 도널드 트럼프는 부동산에만 머물러 있으려 하지
않는다. 그의 저서 The Art of the Deal은 베스트셀러가 되었다. (가장
최근인 2008년 1월에도 'Trump Never Give Up'이라는 책을 발간하였다. ―옮
긴이)

　　에미상 후보로 두 번씩이나 오를 정도의 탁월한 연기력까지도 소유하
고 있는 팔방미인으로 2003년부터 NBC TV의 〈The Apprentice〉에 프
로듀서 겸 출연자로 활약하고 있는데, 한번 출연에 무려 수억 원이나 되

는, 미국 TV 역사상 가장 높은 출연료를 받는다고 하여 다시 한번 세인들의 입에 오르내린 사람이기도 하다. 그는 2007년에 TV 쇼 분야에 공헌한 공로를 인정받아 할리우드의 명예의 전당에 이름을 올리는 영예까지 얻게 되었다. 부동산, 금융, 연예, 문학 등 도널드 트럼프의 지칠 줄 모르는 영역확장은 오늘도 계속되고 있다.

르네 젤위거(Renee Zellweger)는 오늘 날 많은 사람들의 사랑을 받는 여배우이다. 1969년 미국 텍사스 출신으로, University of Texas at Austin에서 Radio, TV, Film을 전공하고 TV 방송국에서 드라마에 출연하다가 1993년에 영화계에 진출했다. 1995년도 작품인 〈엠파이어 레코드〉에서 섹시한 지나 역을 맡은 르네는 그녀의 매력 포인트인 〈입술〉로 영화 팬들의 주목을 받게 된다. 이 영화의 마지막 장면에서 노래를 불러 일찍이 그녀의 다재다능함을 과시하기도 했다. 독특한 각본으로 유명한 카메론 감독의 영화 〈제리 맥과이어〉에서는 할리우드 최고의 스타인 톰 크루즈를 휘어잡는 어린 유부녀로 출연하여, 청순한 소녀의 영역에서부터 섹시한 유부녀의 영역까지를 모두 소화해내는 놀라운 연기력을 보여주었다. 그녀의 다양한 연기력은 여기서 끝나지 않는다. 〈브리짓 존스의 일기〉에서는 그렇게도 착하고 청순한 소녀의 이미지로 다가온 그녀가 《시카고》에서는 록시 하트 역을 맡아서 갑자기 야심 찬 탕녀로 변신하기도 한다. 마릴린 먼로를 닮은 스타 지망생으로 연기하는 것이다.
　그녀라고 시련이 없었던 것은 아니다. 고등학교 시절엔 연극 반에 들어가고 싶었지만, 연극서클의 담당교사로부터 연기력이 없다는 이유로 퇴짜를 맞기도 했다. 2003년에 영화 〈Cold Mountain〉에서의 열연으로 오스카 여우 조연 상을 받았다. 르네야 말로 수많은 할리우드 여배우들 중에서도 보석과도 같은 존재임이 분명하다. 그녀는 심성이 곧고, 어떤 배역이든지 일단 맡겨지면 돈의 많고 적음을 떠나서 최선을 다해 연기하는, 한마디로 프로의 기질이 다분한 배우이다.

리차드 브랜슨 경(Sir Richard Branson)은 모험심으로 가득 찬 기업가로서 항공사와 레코드 판매업을 주 업종으로 하여 발전하였다. 오늘날에는 전 세계 200여개의 사업장에서 5만 명 이상의 종업원을 고용하는 『Virgin』이라는 영국 재계 서열 5위의 기업군을 운영하고 있다.

1950년 영국의 런던에서 태어난 리차드 브랜슨은 열다섯 살까지만 학교를 다녔는데, 그 이유는 원래 선천적으로 책을 잘 읽지 못하는 난독증이 있었고, 또 학교 공부에 별다른 흥미를 못 느꼈기 때문이었다. 그러나 운동만큼은 매우 좋아해서 학교시절에는 축구부와 럭비부에서 각각 주장을 맡기도 하였다. 그는 어려서부터 벤처 정신이 아주 강했던 것 같다. 불과 열다섯이 되기까지 벌써 두 가지의 벤처사업을 벌였을 정도이니까. 그 중 하나는 크리스마스 장식용 나무를 키우는 사업이었고, 다른 하나는 잉꼬 새를 사육하는 사업이었다.

열여섯에 〈Student〉라는 잡지를 창간하여 한때는 청소년 잡지계를 석권하기까지 하였다. 그는 차를 하나 구입해서 거기서 중고 레코드를 받아다 파는 방식으로 처음 레코드 사업을 시작했는데, 나중에는 이 사업이 메일 오다(우편 주문 방식에 의한 판매사업으로 오늘날의 홈쇼핑과 비슷함 -옮긴이) 사업으로 확대 되었다. 이 때 처음으로 Virgin 이라는 이름을 쓰게 되었다. 새롭게 출발한 〈Virgin Atlantic Airlines〉에 더 집중적으로 투자하기 위하여 그는 1992년에 레코드 사업권을 EMI에 1조원을 받고 매각하게 된다. 현재 집중하고 있는 사업은 2008년도 하반기에 우주에 관광객을 유료로 여행시키는 〈버진갈락틱(Virgin Galatic)〉이라는 우주관광프로젝트이다. 열기구를 타고 지구 한바퀴 돌기, 보트로 대서양 횡단하기, 아프리카의 에이즈 퇴치운동, 탄소방출 방지운동 등, 끝없는 그의 기행과 선행을 통하여 리처드 브랜슨 경은 우리들에게 진정한 도전정신과 기업가 정신을 보여준다.

빌 브래튼(Bill Bratton)은 미국 내에서 가장 우수한 법집행 관료이다.

그는 현재 LA 경찰국의 국장으로 있는데, 미국 역사상 최초로 뉴욕 경찰국장과 LA 경찰국장을 모두 역임한 사람이다. 뉴욕 경찰국장 시절에는 불과 3년 만에 뉴욕 시의 범죄율을 극적으로 떨어뜨린 사람이기도 하다.

과거의 그 악명 높았던 뉴욕의 밤거리가, 이제는 밤에 다녀도 전혀 문제가 없는 안전한 도시로 되기까지는 전적으로 그의 공로에 힘입은 바 크다고 할 것이다. 그렇게 되기까지 모든 시민들의 협조를 받아 낼 수 있었다는 사실이 더욱더 큰 역량으로 평가되기도 한다.

브룩 쉴즈(Brooke Shields)는 세 가지의 아주 경이적인 성공경력을 가진 여성이다. 첫째는 캘빈 클라인의 아동, 청소년 모델로서의 경력이며, 둘째는 〈The Blue Lagoon이나 Suddenly Susan〉 등과 같은 영화와 TV 배우로서의 성공이며, 셋째로는 브로드웨이에서 〈Cabaret〉, 〈Chicago〉, 〈Wonderful Town〉등의 연극을 모두 흥행으로 이끈 연극 배우로서의 경력이다.

그러나 그녀의 성공 뒤에는 일반인들로서는 상상할 수도 없는 불굴의 의지와 매 순간 순간에 최선을 다하는 그녀만의 열정이 숨어 있는 것이다.

메멧 오즈 박사(Dr. Mehmet Oz)는 터키출신의 부모님 슬하에서 1960년에 태어났다. 현재 전 세계를 통틀어 가장 우수한 심장병 전문의라고 알려져 있다. 콜롬비아 대학교의 심장외과 교수로, 최소부위만 절개하고 심장을 수술하는 기술로도 유명한데, 그는 현재까지 10,000명이 넘는 환자들을 수술하여 그들을 심장병의 고통으로부터 구해 냈다.

오프라 윈프리 쇼의 고정 초대자로서 많은 사람들에게 자연치유의 중요성을 강조하는 사람으로, 지금까지 펴낸 책만도 350여종이 넘는 엄청난 저술가이기도 하다. (우리들에게도 잘 알려진 김영사의 베스트셀러 '내 몸 사용설명서'의 공동저자이기도 하다. -옮긴이.)

제임스 블레이크(James Blake)는 직업적인 테니스 선수로, 2000년도 세계 팀 테니스 선수권 대회에서 우승한 이래로 호프만 컵 등, 여러 개의 국제대회에서 많은 우승을 하였다. 그는 같은 시기에 발생한 세 가지 역경을 모두 극복하고 테니스코트로 다시 돌아와 재기에 성공한 사람으로도 유명하다.

즉, 2005년에 당한 목뼈 골절상, 안면근육 수축증과 그로 인한 시력장애, 그리고 암으로 인한 아버지의 사망 등 세 가지 재난을 모두 극복하고 다시 U.S. Open에 복귀한 것이다. 비록 당시의 4강전 경기에서 안드레 아가시에게 패하기는 했지만, 그는 그 일로 인하여 당당히 세계 모든 사람들로부터 '스포츠맨의 우상'이라는 칭호를 받게 된 것이다.

조 토레(Joe Torre)는 어떤 심각한 상황이 와도 늘 침착함과 냉정함을 잃지 않는 사람으로 정평이 나 있다. 그는 New York Yankees 팀을 이끌면서, 거의 미국 대통령과 맞먹는 정도의 심리적인 압박감과 순간순간의 빠른 의사결정을 한 치의 오차도 없이 해 낸 사람이다.

조 토레는 1940년 뉴욕의 브룩크린에서 태어났다. 메이저리그에 진출한 후, 처음에는 브레이브스 팀에서 선수로 활약했다. 당시 함께 뛰었던 선수로는 전설적인 홈런왕 행크 아론이 있다. 그 후 감독으로 전향하여 뉴욕 메츠, 아트란타 브레이브스, 세인트루이스 카디널스에서 감독생활을 하였으나 실적 부진으로 모두 도중에 해고되고 말았다. 그러나 그의 전성기는 1996년에 뉴욕 양키스로 옮기고 나서부터 찾아왔다.

그는 감독으로 있던 1998, 1999, 2000년 3년 동안 뉴욕 양키스를 세 번씩이나 연속하여 월드시리즈에서 우승으로 이끄는 기염을 토했다. (통산 네 번의 월드 시리즈 우승을 한 후 2008년 현재는 박찬호선수가 있는 LA 다저스 팀의 감독으로 있다. ―옮긴이)

조셉 아보우드(Joseph Abboud)는 국제적으로 널리 알려진 남성 디자이너로서 그의 남성복은 '우아함'의 전형이라고 정평이 나 있다. 조셉은 그가 아직도 고등학교 학생일 때에 Louis of Boston 이라는 의류 전문 매장에서 영업사원으로 직장생활을 시작하였다. 나중에 그는 Polo Ralph Lauren의 수석 디자이너가 된다.

1987년에 시작한 그의 남성복 사업은 세계적으로 유명해져서 그는 자신이 갖고 있던 고유브랜드의 사업권을, 2005년에 1,500억원을 받고 다른 그룹에 매각하였다. 미국 패션디자이너협회에서 주는 상을 2년 연속으로 수상한 경력도 갖고 있으며, 현재는 방송 분야에서 남성 패션과 관련된 일을 하고 있다.

프레스톤 베일리(Preston Bailey)는 Creme de la Creme이라는 파티/이벤트 플래닝 회사를 운영하고 있다. 그는 도널드 트럼프, 리자 미넬리, 매트 라우어 등, 유명한 인사들의 큰 행사를 기획하고 주관한 바 있다. 파나마 태생으로 1970년대에 미국으로 단 돈 몇 푼 들고 옮겨 온 프레스톤의 이야기는 전형적인 자수성가형의 성공스토리로 꼽힌다. 그는 꽃배달로 사업을 시작하여 점차 사업을 확장한 후, 결국에는 최상류층을 겨냥한 이벤트 플래닝(Event Planning)이라는 황금시장을 개척하고야 만 것이다.

마리아 바르티로모(Maria Bartiromo)는 1967년 뉴욕의 브룩클린에서 태어났다. 그녀는 명석한 두뇌, 아름다운 용모, 대담성 등 모든 것을 다 가졌다. CNN의 방송 리포터를 거쳐서 현재는 CNBC-TV의 심야 프로그램인 〈Clsoing Bell with Maria Bartiromo〉의 앵커로 활약하고 있다. 또한 〈CNBC 방송국의 The Wall Street Journal Report〉의 프로그램 진행까지도 맡고 있으며, 2007년에는 NewsBios.com에서 선정하는 '미국 내에서 가장 영향력 있는 비즈니스 저널리스트 100인'에 선정되기도 하였다.

짐 크레이머(Jim Cramer)는 1955년 펜실배니아의 유태계 가정에서 태어났다. 1977년 하버드 대학을 졸업했고, 1984년에는 하버드 법학대학원에서 박사학위를 받았다. 잠시 동안 법조계에 몸담은 후, 골드만 삭스에서 헤지 펀드 매니저로 활약했다. 그곳에서의 성공을 기반으로 하여 TV, 라디오 등 방송계에 진출하였다. 1987년에는 Cramer, Berkowitz & Co.를 설립하였다. 현재 〈Mad Money with Jim Cramer(CNBC TV)〉, 〈Jim Cramer's Real Money(라디오 쇼)〉, 그 밖에 〈Time〉 등의 잡지에도 고정 칼럼을 쓰고 있다.

2007년에는 NewsBios.com이 선정하는, 미국 내에서 가장 영향력 있는 비즈니스 저널리스트 100인 중의 한명으로 선정되기도 했다. (2008년 2월에 국내에서 번역 출간된 〈짐 크레이머의 영리한 투자〉의 저자이기도 하다. ─옮긴이)

매트 리우어(Matt Lauer)는 미국 내에서 가장 시청률이 높은 NBC TV의 〈Today Show〉에서 오랫동안 사회를 맡아 온 인물이다. 그도 역시 보통의 다른 사람들과 마찬가지로 처음에는 작은 지방 TV 방송국에서 일을 시작하였다. 처음의 성공에 너무 취한 나머지 예상치 못했던 시련을 겪게 되었지만, 그는 결코 포기하지 않았다. 그리고 결국에는 미국 내에서 가장 큰 방송국에서 가장 영향력 있는 프로그램의 사회를 가장 오랜 기간 동안 진행하는 행운을 누리게 된 사람이다.

캐티 블랙(Cathie Black)은 '미국 잡지계의 첫 번째 여성'이라는 칭호를 받으면서 지난 20년 간 미국의 출판계를 이끌어 온 인물이다. 그녀는 Hearst Publications에서 판매사원으로 출발했으며 현재는 헐스트 퍼블리케이션스의 CEO인데, 그녀의 책임하에 발행되고 있는 출판물들은 〈Cosmopolitan〉, 〈Esquire〉, 〈Good Housekeeping〉, 〈The Oprah Magazine〉 등 10여 종이 넘는다.

다니엘 보우루드(Daniel Boulud)는 프랑스 출신의 요리사로 그 만의 독특한 요리비법으로 자신의 요리왕국을 건설한 인물이다. 그는 Le Cirque에서 6년간 수석 요리사로 근무 했으며, 그 당시 Le Cirque 식당을 미국 내에서 가장 훌륭한 식당으로 끌어 올려 Gault Millau 상을 수상하기도 하였다.

그는 뛰어난 요리사에게 주는 상인 James Beard 상을 비롯하여 Bon Appetit 잡지사에서 수여하는 '올해의 요리사' 상 등 수많은 수상 경력을 갖고 있기도 하다. 또한 요리 분야의 많은 책을 저술하기도 했는데 그의 베스트셀러 중에는 〈Daniel's Dish〉와 〈Daniel Boulud's Cafe〉 등이 있다.

바비 브라운(Bobbi Brown)은 사람들을 편안하게 해 주는 자연스런 이미지로 많은 사람들에게 인기를 끌고 있는 메이크업 전문가이다. 그녀는 Emerson 대학에서 무대 화장을 전공하였으며, 졸업 후 그에 관련된 기업체에 취직하여 직장생활을 하던 중, 판에 박은 듯한 화장품 색깔에 실증을 느끼고, 자기 자신만의 고유한 색깔을 창조하기 위하여 스스로 창업의 길로 접어들게 된다.

지금은 세계 20여 국가에서 400개가 넘는 화장품 매장을 운영하는 Bobbi Brown Worldwide 그룹의 총수로서 활발한 저작활동 및 강연 활동으로 매우 바쁘게 지내고 있다.

프랭크 리치(Frank Rich)는 뉴욕 타임스의 사설 주필이자 비평가이다. 그는 때론 날카롭고 때론 부드러운 문체로 오늘도 많은 독자들을 매료시키고 있다. 오늘 날 뉴욕 타임스가 세계적인 권위지가 된 데에는 그의 공헌이 결코 적다고 할 수 없을 것이다. 뉴욕 타임스에 합류하기 전에는 시사 주간지 〈타임〉에서 영화와 문학 비평가로 근무 했었다.

마크 버넷(Mark Burnett)은 에미(Emmy) 상을 수상한 방송 극작가 겸 프로듀서로서, TV 방송에서 크게 성공한 〈Survivor〉, 〈The Apprentice〉, 그리고 〈Eco-Challenge〉 등이 모두 그의 작품이다. 판에 박은 듯한 생각을 갖기를 거부하는 그의 비전은 미국 방송계의 풍토를 크게 변화시켰다.

〈타임지〉가 선정한 '세계를 움직인 100인'의 한 사람이며, 〈Entertainment Weekly〉 지가 선정한 '가장 영향력 있는 엔터테이너'로 수년간 연속 선정되기도 하였다.

마리오 쿠오모(Mario Cuomo)는 이태리 출신 빈민의 아들이다. 뉴욕의 퀸즈에서 태어났으며, 1956년에 St. Jones 대학에서 법학을 공부했다. 젊은 시절에는 마이너리그에서 선수로 활약했는데 뜻하지 않았던 목뼈의 부상으로 인하여 야구를 그만두게 되었고, 그 사건은 급기야 마리오의 인생을 180도 전혀 다른 방향으로 인도하게 된다. 1960년대에는 민권변호사로 활동했다. 1977년에 뉴욕시장 선거에서 패배했으며, 그 다음해에는 뉴욕 주지사 선거에서 역시 패배했다. 그러나 다시 도전하여 1982년에 드디어 주지사가 되고 1993년까지, 3기 연임이라는 영광을 누리게 된다.

1994년에 4기 연임에 도전했다가 실패하게 된다. 2007년 3월에 실시한 여론조사에 따르면, 마리오 쿠오모는 전체 여론조사 참가자들의 74%라는 경이적인 지지를 받아, 미국의 역대 주지사들 중에서 '가장 존경받는 주지사 1위'에 당당히 선정되기도 하였다.

제인 프리드먼(Jane Friedman)은 하퍼 콜린스 출판사의 CEO로서 항상 시대를 앞서가는 인물로 정평이 나있다. 1970년대에는 업계 최초로 저자 발굴 여행이라는 신 개념을 수립하였고, 1980년대에는 업계 최초로 오디오 북을 개발하여 출판계에 돌풍을 일으켰으며, 2006년도에는 역시 업계 최초로 Digital Warehouse를 창안하여 실행에 옮겼다. 그녀

의 선도적인 역할 덕분에 Harper Collins 사는 세계에서 가장 큰 출판
그룹으로 성장하였다.

그녀의 성공 스타일은 다분히 전형적인 자수성가형이다. 그녀는 랜덤
하우스에서 녹음기의 내용을 받아서 타이핑하는 타이피스트로 직장생활
을 시작하였다. 그러나 곧 그녀의 근면과 일에 대한 열정은 그녀를 출세
가도로 계속 내 몰았다. 그녀는 〈Entertainment Weekly〉지가 수여하
는 '엔터테인먼트 업계에서 가장 영향력 있는 101인'에 선정된 것을 비
롯하여, 〈Vanity Fair〉의 '전설적인 여성 200명' 등, 셀 수 없이 많은
수상경력도 갖고 있다.

크리스티 헤프너(Christie Hefner)는 1988년부터 〈플레이보이〉의 회장
겸 CEO를 겸임하고 있다. 그녀는 〈플레이보이〉를 가장 저조한 실적으
로부터 끌어올려 오늘 날의 반석위에 세워 놓은 인물로 평가된다.
〈Playboy〉 잡지에 전자기술을 접목하여 미국 내에서 최초로 인터넷 잡
지로 만들어 놓은 인물이기도 하다. 오늘 날에는 디지털 콘텐츠로 온라
인 서비스를 제공하는 사업부문이 〈플레이보이〉 그룹 전체에서 가장 많
은 수익을 남기는 '황금 알을 낳는 거위'가 되고 있다. 그녀는 크고 뚱
뚱한 체격에도 불구하고 매우 이지적인 용모를 지니고 있다. 또한 매우
실용적인 기풍을 지닌 인물로서 세계 성인 잡지계에서 가장 영향력이
큰 인물로 꼽히고 있다.

케이 베일리 허치슨(Kay Bailey Hutchison) 상원의원은 미국 역사상 처
음으로 텍사스 주를 대표하는 상원의원이 된 사람이다. 그녀는 두 번째
재선 될 당시 400만 표라는 엄청난 득표를 기록했는데, 이것은 지금까지
미국의 상원의원 투표역사상 가장 많은 득표이며, 아직도 이 기록은 깨어
지지 않고 있다. 상원에 진출하기 전에도 그녀는 텍사스에서 첫 번째 TV
리포터가 된 기록을 갖고 있으며, 여성의 사회 참여에 장애물로 생각되는

수많은 난관들을 극복한 입지전(立志傳)적인 인물로 평가되고 있다.

제프 루리에(Jeff Lurie)는 1994년에 필라델피아 이글스 팀을 무려 1,850억원이라는 엄청난 거금을 들여서 매입하게 된다. 주위에서는 그를 가리켜 무모한 도박을 하였다고 비난했는데, 결과적으로 그런 비난은 그의 긴 안목을 헤아려 볼 줄 모르는 사람들이 한 말이 되고 말았다. 그의 인도 하에 있던 기간 중에 이글스 팀은 그에게 엄청난 수익을 안겨다 주었으며, 팀 성적도 당연히 과거 그 어느 시기보다도 우수했다. 제프는 팀 선수들을 영적으로 지도하는 뛰어난 카리스마가 있는 것으로 알려지고 있다. 스포츠 전문지인 〈The Sporting News〉와 〈Pro Football Insider〉지는 1995년과 2000년에 그를 '가장 훌륭한 미식축구 구단주'에 선정하였다. 지금도 그는 미국인들로부터 아메리칸 풋볼에 가장 큰 공헌을 한 사람으로 추앙받고 있다.

톰 퍼킨스(Tom Perkins)는 벤처 캐피털 분야의 큰 손이다. 실리콘 밸리의 초창기 조성사업에서 큰 역할을 담당하였으며 Google, Genetech 등 대기업에 거액을 투자하였다. 1972년 그의 회사를 창업하기 이전에 그는 휴렛 팩커드에서 총괄 부사장으로 지대한 공헌을 하였다. 그의 공로로 인하여 현재 Hewlett-Packard는 세계 굴지의 기업이 되었다. 벤처 캐피털 분야에서 전설적인 인물이 되어있는 그에게는 요즈음도 세계 각국에서 수많은 강연 요청이 쇄도하고 있다.

피터 신코티(Peter Cincotti)는 1983년 미국 뉴욕에서 태어나서 콜롬비아 대학을 졸업했다. 세살 때부터 장난감 피아노를 치면서 피아노에 천재성을 보인 그는 고등학교 시절에 이미 여러 개의 국제 콩쿠르를 휩쓸었으며, 백악관에도 초청되어 연주한 바도 있다. 2000년 Montreux Jazz Festival에서 〈A Night in Tunisia〉로 대상을 탄 것을 비롯하여,

2002년에는 그의 곡이 빌보드 차트 1위에 오랜 기간 동안 랭크되기도 했다. 대표 곡으로는 〈Peter Cincotti〉, 〈On the Moon〉, 〈East of Angel Town〉 등이 있으며, 2008년 5월에 또 다른 신곡을 내 놓을 예정으로 있다. 그는 영화 〈Beyond the Sea〉에도 출연하여 딕 버크 역을 잘 소화해 냄으로써, 예술가로서의 천재성을 다시 한 번 세상에 입증하기도 하였다.

앤너 퀸들런(Anna Quindlen)은 전 세계 독자들의 마음을 30년 이상 사로잡아온 문필가이다. 퓰리처상을 수상한 바도 있는 그녀의 명칼럼은 〈뉴욕 타임스〉에서 1981년부터 15 년간, 〈뉴스위크〉에서 2000년부터 현재까지 계속되고 있다. 앤너는 네 권의 소설을 집필하기도 했는데, 그 중의 하나인 〈One True Thing은 Meryl Streep〉 주연으로 영화화되기도 하였다. 그녀를 표현하는 말로는 '시니어 클래스의 여성을 대표하는 인물' 이라는 말이 제일 적당할 것이다.

데이비드 록크웰(David Rockwell)은 천부적인 건축가이다. 그의 유명 작 품으로는 할리우드에 있는 코닥 씨어터 건물(매년 아카데미 시상식이 열리는 곳이다. -옮긴이), 런던에 있는 Mad Restaurant, 라스베이거스에 있는 메사 그릴, Connecticut에 있는 모히건 선 카지노 등이 있다. 그는 또 브로드웨이에서 여러 개의 쇼 무대를 설계하기도 했는데, 대표적인 작품으로는 〈Hairspray〉, 〈The Rocky Horror Show〉 등이 있다. 그의 독특하고도 기존의 고정관념을 깨뜨리는 참신한 발상은 그를 이 분야 최고의 전문가로 만들었다.

쥬디스 로딘 박사(Judith Rodin, Ph. D.)는 여성으로서는 최초로 미국 아이비리그에서 대학총장으로 선출된 사람이다. 1944년 펜실배니아의 필라델피아에서 태어나 콜롬비아 대학에서 심리학으로 박사학위를 받은

후, 미국 여성으로는 최초로 Ivy League(동부지역의 메이저 대학 —옮긴이)
에서 〈University of Pennsylvania〉의 총장으로 11년간(1994~2004) 재
직하였다.

그녀가 대학총장으로 재직하던 시절에 펜실배니아 대학은 미국의 유
력지인 U.S. News & World Report에 의해서 종전의 대학순위 16위
에서 4위까지 뛰어오르는 쾌거를 기록하기도 했다. 펜실배니아 대학의
총장으로 10년 이상을 봉직한 그녀는 그 이후에 미국 최대의 비영리 단
체인 록펠러재단의 이사장이라는 직위에 선임되어 현재까지 봉직하고
있다.

다이언 본 펄스텐버그(Diane von Furstenberg)는 1970년대 중반에 전
설적인 Wrap Dress로 큰 성공을 거둠으로서 세계의 패션 계에 성공적
으로 데뷔하였다. 우아하고, 유연하며, 자신감에 넘치는 다이언은 실로
두려움을 모르는 사람이다. 나치 독일 치하에서 홀로코스트 대학살 참
극에서 살아남은 유태인 가정의 딸로 태어 난 다이언은 그 후 미국으로
건너온다. 이 때 그녀의 재산이라고는 단지 의류 공장이 어떻게 돌아가
는지를 아는, 의류산업에 대한 아주 초보적인 상식뿐이었다. 그러나 그
후 얼마 지나지 않아, 그녀의 뛰어난 디자인 감각은 주부들 사이에 입소
문을 통해 알려지기 시작했으며, 오늘날 그녀의 고유브랜드 옷은 전 세
계의 매장에서 아주 고가에 팔리고 있다.

다이언 워렌(Diane Warren)은 우리 시대에 가장 성공한 최고의 작사/
작곡가로 알려져 있다. 지칠 줄 모르는 일에 대한 열정은 그녀를 음악계
에서 '가장 열심히 일하는 여성'이라는 반열에 올려놓았다. 1956년 캘
리포니아에서 태어났으며, 십대 때 마음의 갈등으로 인하여 집을 뛰쳐
나간 적도 있었다. 그 때는 어머니가 자기에게 음악공부를 그만두고 직
장에 취직하라고 끈질기게 권할 때였다고 한다. 그러나 아버지만은 그

녀를 이해하고 계속 용기를 갖도록 했다.

아버지에게 헌정한 〈Because You Loved Me〉는 나중에 그래미상의 영화/TV음악 부문 수상곡이 되기도 했으며, 오스카상과 골든 그로브상의 후보작품으로도 오르게 된다. 다이언은 유명한 가수들에게 많은 곡을 만들어 주었는데, 그녀의 노래를 부른 가수들로는 엘튼 존, 티나 터너, 바바라 스트라이샌드, 휘트니 휴스턴 등등이 있다. 현재까지 300여 곡의 음악을 작사, 작곡한 것으로 알려지고 있다. 그녀의 노래는 무려 90편이 넘는 영화에도 등장하게 된다.

제프 쥬커(Jeff Zucker)는 NBC TV 그룹의 CEO이다. 제프는 그의 나이 불과 스물여섯에 초대형 프로그램인 〈Today Show〉의 프로듀서에 발탁됨으로서 미국 방송역사에 신기원을 이룩한 사람이다. 그의 리더십 영향으로 〈Today Show〉는 미국 국민들이 가장 많이 시청하는 아침 뉴스 프로그램이 되었다. NBC 엔터테인먼트의 사장이 된 이후에는, 여러 가지의 오락프로그램들을 통하여 NBC 방송국을 미국 내에서 최상위의 위치로 끌어 올리게 된다. 이 때에 그가 주도적으로 히트시킨 프로그램들은 〈Law and Order〉, 〈Criminal Intent〉, 〈Las Vegas〉, 〈The Apprentice〉 등이 있다. 오늘 날 그는 NBC의 모든 케이블 네트워크와 공중파 방송국들을 총괄 운영하고 있다.

프레데릭 페카이(Frederic Fekkai)는 세계적으로 널리 알려진 헤어스타일 전문가이다. 그는 프랑스 파리에서 미용 일을 시작했는데, 현재 그가 직접 운영하고 있는 뉴욕과 팜비치의 헤어살롱에서는 컷 한번에 100만원 가까운 돈을 받고 있지만 그나마 예약을 하기가 쉽지 않은 형편이다. 성공에 대한 열정은 오늘 날 그를 가장 이윤이 많이 남는 황금시장의 주인으로 우뚝 서도록 만들었다.

바비 프레이(Bobby Flay)는 유명 요리사이자, TV 연예인이며, 식당사업가이며, 특히 미국 남서부 풍의 요리가 가미된 퓨전 요리의 선구자로 알려져 있다. 바비 프레이는 아이리쉬-아메리칸 4세대이다. 1964년 뉴욕에서 태어난 그는 17살 때 고등학교를 중퇴하고 식당에서 종업원으로 일하게 된다. 그는 뉴욕의 극장가에 있는 Joe Allen Restaurant에서 일하게 되는데, 사장인 죠 알렌은 그의 재능을 일찍이 간파하고 그를 전액 후원하여 프랑스의 요리학교인 French Culinary Institute에 진학시켜 주었다. 유학을 마치고 온 그는 뉴욕의 여러 식당에서 최고의 주방장으로 실력을 인정받게 되고 그후 메사 그릴이라는 체인식당을 뉴욕, 라스베거스등에 열게 된다.

현재 그는 대형 외식사업체의 사장일 뿐만 아니라, ⟨Boy Meet Grill⟩ 등 여러 권의 베스트셀러의 저자이기도 하며, ⟨Food Network Show⟩ 등 세 개의 방송 채널에 고정 출연하는 방송인이기도 하다.

리키 크리먼(Rikki Klieman)은 미국 시카고 태생으로 우크라이나 출신 부모의 이민 2세대이다. 노스웨스턴 대학에서 연극을 전공했으며, 보스턴 대학의 법학대학원에서 법학을 공부한 뒤 법학박사 학위를 받았다. 그 후 보스턴의 Friedman & Atherton 이라는 법률회사에서 변호사 생활을 하였으며, 2005~2006년 기간에는 TV에서 연속극 ⟨라스베이거스⟩의 주인공을 맡기도 하였으며, TV 쇼 ⟨Shark⟩에도 출연하였다.

현재 그녀는 Court TV에서 진행자로 활동 중이다. 1983년에는 ⟨타임⟩지에 의하여 '미국 내에서 가장 훌륭한 여성 법조인 5명' 중에 한명으로 선정되기도 했다. 이 책에서 여러 번 소개되는 LA 경찰국장, 빌 브래튼의 부인이다.

클리브 데이비스(Clive Davis)는 1960년 CBS 방송국에 변호사로 입사한 후 방송음악 부분을 크게 확장하였다. 1973년까지 콜롬비아 레코드에서 일했으며, 그 후 아리스타 레코드를 설립하여 휘트니 휴스턴 등 많은 가수를 발굴해 내었다. In the Dark, Touch of Gray, Super natural, Smooth등 수많은 히트 곡을 만들어 냈으며 그래미상을 8번이나 수상하였다. 로큰롤 명예의 전당에 '비공연자' 부분에 오르는 영광을 얻기도 한 사람이다.

크레이그 뉴마크(Craig Newmark)는 수백만 명의 고객들이 등록하여 누구나 쉽게 광고할 수 있는, 분야별 광고 전문 웹 사이트인 Craigslist.com을 설립한 사람이다. 크레이그는 이 회사를 설립할 때 분명한 목적의식이 있었다. 즉, '누구나 쉽게 광고하도록 한다'는 철학이다. 그 결과 지금은, 당신이 직장을 찾거나, 또는 쓰던 물건을 팔거나, Craigslist.com은 반드시 찾아야할 첫 번째 웹 사이트가 된 것이다.

시리오 마찌오니(Sirio Maccioni)는 2차대전 직후에 이태리에서 고아가 되었는데, 그는 곧바로 뉴욕으로 건너와서 식당의 웨이터로 사회생활을 시작했다. 지금은 Le Cirque를 비롯하여 여러 개의 식당 체인을 거느린 대 부호가 되었다. 그와 부인, 그리고 세 명의 아들들은 Le Cirgue를 뉴욕, 라스베이거스, 멕시코시티 등에서 운영하고 있다. 시리오 마찌오니는 우리들에게 패밀리 비즈니스의 탁월한 성공 스토리를 들려준다.

린다 휴엣(Linda Huett)은 1983년에 주로 산후 체중조절 목적을 위하여 설립한 Weight Watchers International에 입사하게 된다. 그곳에서 물불을 가리지 않고 열심히 일한 결과, 1999년에는 WWI의 최고경영자 자리에 오르게 되는 것이다.

의사결정이 확실하고, 집중력이 있으며, 직업관이 투철한 그녀는 밑바닥으로부터 시작하여 최고의 자리에 오르기까지, 그 긴 사다리를 타고 올라가는 이야기를 우리들에게 솔직한 언어로 들려준다. WWI는 뉴욕의 우드버리에 있고 전 세계에 걸쳐 지사를 두고 있으며, 주로 음식섭취와 영양조절 관련 프로그램을 운영하고 있다.

빌 오릴리(Bill O'Reilly) 미국 Fox TV에서 최고의 시청율을 자랑하는 〈O'Reill Factor〉의 호스트이자, 〈뉴욕타임스〉 베스트셀러 1위까지 오른 책을 네권이나 집필한 유명 저자이기도 하다. 책의 저자이기도 하다. 에이미상을 수상하기도 한 방송 저널리스트로, 사실에 입각한 보도와 직설적인 진행방법으로 인기가 높다.

제 1 부

성공으로 향하는 길

믿기 어렵겠지만, 인생의 출발선상에서
우리들이 꿈꾸는 목적지로 직행하는 사람은
아무도 없다는 사실을 명심하기 바란다.

-Bill Boggs(미국 NBC-TV 토크쇼 진행자)-

당신의 길을 발견하라

　　동양 속담에 '천리 길도 한 걸음부터'라는 말이 있다. 그렇지만 문제는 그 한걸음을 '어느 방향으로 옮겨야 하는가?'이다. 나는 그 한걸음을 운 좋게도 정확히 가야 할 방향으로 옮긴 사람 중의 한명 이라고 말 할 수 있다. 내가 다섯 살쯤 되었을 때 아버지께서는 내 게 흰색의 Bendix 라디오를 한 대 사 주셨다. 나는 이불 속에서, 부모님들은 내가 틀림없이 자고 있을 것이라고 생각하셨겠지만, 그 라디오를 들으면서 성장했다. 나는 라디오방송의 마지막 황금시기 수년 동안 The Lone Ranger를 숨죽이며 들었고, Bob Hope 또는 Jack Benny가 진행하는 토크 쇼를 들으면서 많은 감동을 느꼈다. 특별히 나는 아더 갓프레이(Auther Godfray)나 돈 맥네일(Don McNeil) 같은 많은 사람들을 인터뷰하는 프로그램에 매력을 느끼곤 하였다. 그 때 이것이야 말로 내 인생에 승부를 걸어볼 만한, 평생 하고 싶은 일이라는 생각과 함께 토크 쇼의 진행자가 되는 쪽으로 목표를 정하게 된 것이다.

지난 30년간 이 업계에서 지내면서 나는 수 천 명의 사람들을 인터뷰했는데, 그 중에는 여러 명의 대통령들(조지 부시 빌 클린턴 도널드 레이건), 유명한 작가들을 포함한 각 분야의 대가들이 수없이 많았다. 그들을 인터뷰하면서 느낀 공통된 한 가지, 그래서 내가 인생의 후배들에게 권하고자 하는 룰이 있다면, 그것은 바로 '당신의 열정이 이끄는 길을 가라'라는 말로 압축할 수 있을 것이다. 내가 인터뷰한 많은 사람들이 이러한 자기의 열정을 아주 이른 나이에 발견했다는 사실을 알 수 있었다. 그들은 자신 속에 있는 그 명백한 성공의 길을 찾아내었으며, 그것에 불을 붙이려는 의욕에 매료되었던 것이다. 물론 그들은 지금도 열심히 일하고 헌신한다. 그러나 그들이 그렇게 될 수 있었던 첫 번째 비결은 바로, 그들만의 독특한 재능을 확인하고 발견해 내는 역량이 있었다는 것이다.

테니스 스타인 제임스 블레이크 같은 경우에는 그 길이라는 것은 분명히 탁월한 운동능력이었다. 컴퓨터 프로그램의 뛰어난 능력은 자연스럽게 크레이그 뉴마크에게 craiglist.com 이라는 기념비적인 웹사이트의 설립자가 되게 하였다. 뉴욕타임스의 칼럼니스트이자 드라마 비평가인 프랭크 리치에게 있어서 그가 성공할 수 있었던 비결은, 어린시절 극장에서의 연애사건의 추억과 문학 물을 많이 접한 결과였다. CNBC TV의 Mad Money 진행자인 짐 크레이머에게 있어서 그것은, 대학시절 자신이 숫자에 대한 놀라운 기억력과 우량주를 발굴해 내는 데 천부적인 소질이 있다는 사실을 깨달은 것이었다.

이와는 반대로, 인생을 명확한 목표설정 없이 출발한 사람들 중에도 성공한 경우가 많이 있다. 즉, 모든 사람들이 다 일찌감치 인생의 목표를 세울 수 있을 만큼 특별한 재능이나 기술, 또는 능력을 갖고 태어나는 것은 아니라는 말이다. 그들의 스토리가 전개되면 될 수록 독자들은 '성공하기 위해서는 재능이나 천부적인 소질이 반드시 전제조건이 되는 것만은 아니다'라는 사실에 안도의 한숨을 내 쉴 수도 있을 것이다.

그들이 천성적으로 그런 길을 알았건, 또는 환경이나 역경을 통해서 그런 길을 발견하였건 간에, 순수한 흥미나 열정에 불을 붙여준 것이 사람들을 성공으로 이끌었고, 그들에게 풍요와 부를 안겨주었다는 사실만은 부정할 수 없는 명백한 진리이다. 다음에 소개되는 몇몇 명사들의 예를 살펴보자.

빌 오릴리의 명성에 이의를 제기하는 사람은 아마 아무도 없을 것이다. 케이블 TV에서 최고의 시청률을 자랑하는 The O'Reilly Factor의 박진감 넘치는 사회자로 널리 알려진 그는 탁월하고 거침없는 의견 제시로 끊임없는 논란의 대상이 되곤 한다. 그의 공식 웹 사이트에는 티셔츠, 손가방, 기타 여러 가지 물품들이 있는데 그것들에는 한결같이 그의 모토인 '논란은 여기서 멈추지 않는다'는 문구가 새겨져 있다. 그의 삶에 대한 접근방식을 엿볼 수 있는 대목이다.

어느 날 나는 Fox TV 본부건물 앞에서 그를 만났다. 그를 만난 후 내가 받은 첫인상은 매우 큰 키에 아주 빨리 걷는 사람이라는 느낌이었다. 우리는 함께 그의 사무실로 올라갔다. 사무실은 가족 사진이 담겨있는 여러 개의 액자와 수 십 년도 넘은 신문기사들의 스크랩 등으로 가득 채워져 있었다. 거기에는 New York World Telegram & Son 지의 1면 기사도 눈에 띄었는데, 그것은 바로 존 에프 케네디 대통령의 저격에 관한 기사를 담고 있는 특종이었다. (이 사건은 1961년에 있었다. —옮긴이) 사무실 여기저기에 파일들이 쌓여 있었으며 전화가 끊임없이 울려대고 있었다. 그는 분명 매우 바쁜 사람이었다.

우리는 곧바로 본론으로 들어갔다. 나는 그에게 무엇이 그를 언론계로 이끌었는지 물었다. 그는 예의 그 진지한 표정을 지으면서 말했다.

"내게는 나를 미치게 하는 재능이 있었어요. 당신이 성공하려면 당신이 무엇을 잘 하는지를 찾아내야 하죠. 그리고는 그것으로 직업을 삼아서 평생을 살아가려고 노력해야 합니다. 이 지구상의 어느 누구도 자신만의 독특한 탤런트를 갖고 있지 않은 사람은 없답니다. 바로 이게 내가 하나님을 믿는 이유이기도 하지만요. 나는 글을 쓰는데 약간의 재주가 있었어요. 곧바로 소설가가 될 수도 있었고 작가가 될 수도 있었겠지요. 그러나 내게는 그런 행운이 따르지 않았답니다. 그래서 나는 학교에서 하던 교사생활을 때려치우고, (아무래도 교사는 내게 적합한 직업이 아닌 것 같다는 판단이 들어서) 언론계통의 대학을 다시 다녔지요. 언론 쪽에 큰 매력을 느끼고 있었거든요. 그러면서 나 자신에게 계속해서 말했답니다. '그래 언론 분야에서 학위를 받자. 그리고 그것이 나의 장래를 어떻게 이끌어 가는지 한번 지켜보자' 라고 말이죠."

하나님이 주신 재능이 무엇인지를 알아내고 그것을 계발하기로 작정한 후에 그는 Boston Phoenix 사에 취직해서 얼마간 말단생활을 했다. 그리고는 마이애미로 돌아와서 Miami Herald지의 오락프로그램 작가 겸 영화평론가의 일을 했다. 그 후에는 아일랜드인 특유의 말솜씨를 살려서 방송 리포터가 되었다. 그 후에도 스크랜턴, 덴버, 보스턴에 있는 여러 방송사를 전전하며 그의 재능을 최대한 살리려고 노력했고, 마침내는 뉴욕으로 진출하게 된 것이다. 이 책을 통하여 당신은 빌의 성공담을 계속해서 듣게 될 것이다.

성공을 향하는 길을 발견한다는 포인트에 있어서 빌 오릴리의 충고는 아주 간단하고도 분명하다.

"우리들 자신에게는 분명 어떤 탤런트가 있다. 그리고 우리는 그것을 찾으려고 노력해야 하고 찾은 후에는 거기에 매진해야 한다. 그것이 가장 먼저 해야 할 일이다. 즉, 자기가 좋아하는 일을 하라는 것이다. 그래야 성공한다."

　　의류 디자이너 조셉 아보우드는 이 문제에 대하여 훨씬 더 영적
(靈的)인 접근을 한 사람이다.

　　내가 조셉 아보우드를 뉴욕 근교에 있는 그의 베드포드 사무실에
서 만난 것은 아주 화창한 어느 가을날이었다. 우아하고 기품이 넘
쳐흐르는 그의 모습에서, 나는 그의 가슴 깊은 곳에서부터 흘러나
오는 예술가로서의 기품을 느낄 수가 있었다. 조셉의 ‘옷 사랑’은
아주 일찍부터 시작되었다. 그는 모든 것을 현장에서 배웠는데, 그
가 아직 10대였던 젊은 시절에, Louis of Boston이라는 의류회사의
사장이며 후일에 그의 정신적인 멘토가 되어 준 머레이 펄스타인
사장은 그를 가리켜 ‘천부적인 자질을 가진 젊은이’라고 칭찬해 주
곤 했다. 그리고 그를 전폭적으로 지지하게 이르렀고, 그가 스물두
살이 되었을 때 펄스타인 사장은 그에게 엄청난 예산권을 주면서
의류바이어(구매담당자)가 되도록 했다. 조셉은 Louis of Boston에서
8년간 있으면서 의류 소매분야의 모든 업무를 익힐 수가 있었다.
이 때는 그의 안정기였다고 한다. 그러나 그는 끊임없이 자신에게
묻곤 했다고 한다. ‘이것이 전부인가? 내 인생이란 결국은 이런 정
도로 끝나고 마는 것인가?’ 그래서 그의 나이 30이 되었을 때 ‘안
정과 편안함’이란 둥지를 과감히 차버리고 자기사업을 하기로 결정
하였다고 한다. 그것은 호기심과 두려움이 상존하는 어려운 결정이
었다. 그는 랄프로렌(Ralph Lauren)에 입사하여 좀 더 고급품의 의류

에 대하여 많은 것을 배우게 되었고 의류세계에 대한 안목을 더 넓힐 수 있게 되었다는 것이다.

"만약 당신이 내가 스무 살 정도 쯤 되었을 때 내게 찾아와서, '어떻습니까? 조셉, 당신은 훌륭한 의류 디자이너가 될 수 있겠습니까?' 라고 물었다면 아마도 그 때 나는 '아닙니다' 라고 대답하였을 것이다. 나는 두 번째 순차적인 단계를 거치고 나서야 비로소 내 자신이 충분히 채워졌다는 느낌과 자신감을 가질 수 있게 되었다."

조셉 아보우드는 그의 두 번째 직장 랄프로렌에서 비약적인 발전을 하게 된다. 그 때에 그는 많은 유명디자이너들을 만나게 되고, 그들과 함께 일할 수 있는 기회도 갖게 된 것이다. 결국 그는 랄프로렌에서 남성의류 분야의 총괄 책임자의 위치에까지 오르게 되는 것이다. 그 다음의 도약은 그가 자기 자신의 고유 브랜드를 갖게 되면서부터이다. 그의 표현을 빌자면, 그를 '푸른 초원'으로 이르게 한 그 때의 성공은 그에게 엄청난 부와 명성을 안겨 주었다. (그 후 그는 자신의 사업권을 RSC 그룹에 650억원에 양도하게 된다. ―옮긴이) 그의 사업권은 현재의 가치로 환산하면 2,000억원이 넘는다. 지금도 그는 자신에게 이런 성취감을 맛보게 한 원동력은 '의류에 대한 남다른 사랑'이었다고 자신 있게 말하곤 한다. 그는 우리들에게 자신의 직업관을 다음과 같이 요약해 주었다.

"나는 만약 당신이 자신이 좋아하는 일을 하면서 생계를 꾸려 나갈 수 있다면, 삶에서 그보다 더한 기쁨은 없다고 생각한다."

Willkie Farr & Gallgher 법률회사 건물에 있는 마리오 쿠오모의 방에서 그와 마주 앉아 이야기를 나눈다는 것은, 그것도 아주 추운 어느 초겨울 날에, 내게는 아주 큰 특권 같다는 생각이 들었다. 그는 카리스마가 넘치고 지적인 사람이었다. 수 십 년 전에는 보잘것없는 야구선수였지만, 아직도 그에게서는 운동선수로서의 에너지가 끊임없이 뿜어져 나오고 있었다. 마리오는 자녀들에게 중요한 충고를 종종 하곤 하였다고 한다.

"너희들이 해야 할 일은 바로 하나님께 열정을 달라고 기도하는 것이란다. 단지 열정을 달라고만 기도하여라. 정말 모든 에너지를 다 쏟아 부을 수 있는 일에 대한 열정 말이다. 만약에 너희들에게 그런 열정이 없다고 생각된다면 도대체 '무엇을 위해 사는가?' 하고 조용히 생각해 보거라."

비록 그가 자녀들에게 계속하여 이런 충고를 했음에도 불구하고, 정작 자기 자신은 그런 영감에 한 번도 감화된 적이 없었노라고 내게 솔직히 털어 놓았다. 그러한 그의 고백은 인터뷰를 진행하고 있던 나에게는 실로 큰 충격이었다. 뉴욕 주지사를 세 번씩이나 연임하였고, 연방 대법관으로까지 지명되었던 그가 공인으로서의 삶에 뚜렷한 목표를 갖고 있지 못했다는 고백 말이다. 그렇지만 그는 자기 자신의 그러한 소명을 발견하기까지는 엄청난 고통의 연속이었노라고 솔직히 말하였다.

"나는 항상 하나님께서 하신 일 중에서 그 한 가지를 경멸하곤 했지." 그가 말했다. 나는 그 때 그의 말을 거의 반 농담으로 들었다.

"하나님은 사울에게 강한 빛을 비추어서 그를 회심하도록 만들었지. * '내가 지금부터는 너를 바울이라고 부르겠다' 고 하시면서 말씀이야. 그래서 나는 나 자신에게 말했지. '하나님 제게도 그런 경험을 좀 하게 해 주세요. 제게도 작은 번개를 한 번 내리쳐 달란 말입니다. 그리고 내가 무엇을 할 수 있는지 지켜보아 주세요' 이렇게 말이지. 그러므로 만약 당신이 무엇을 해야 할지 모르는 사람이라면 어떻게 내가 당신을 위해 충고를 해 줄 수 있겠는가?"

그는 어떤 변호사를 위해서 인생 상담을 해 준 적이 있었는데, 그 때 그 변호사는 자신이 왜 사는지, 무엇을 위해 돈을 버는지도 모르는 것 같았노라고 (그 변호사의 연봉은 자그마치 15억 원이었다고 한다) 내게 말해 주었다.

"그곳에 앉아서 자신에게 말해 보게. '내게는 이제 남은 세월이 얼마 없어' 라고 말이야. 이 남은 세월을 가지고 무엇을 할 것인가를 진지하게 생각해 보란 말이지. 세계를 변화시켜 볼까? 즐기면서 살아 볼까? 내 인생이란 욕심의 바구니에 죽을 때까지 가득 채워 볼까? 그 바구니가 서서히 비어가는 것을 지켜 볼까?"

Tips & tips

신약성경의 사도행전에 나오는 이야기로, 예수님의 박해자 사울을 예수님께서 빛으로 쳐서 눈이 멀게 하고 그를 회심시켜 끝내는 복음전파의 주역을 담당하도록 만든 사건을 가리킨다.

마리오는 자신의 직업관을 이렇게 요약하였다.

"어떤 목적이란 틀 속에 당신 자신을 가두어 놓고 진지하게 생각해 보라. 그런 시도를 해 보는 것이 중요하다."

소녀시절에 앤너 퀸들런은 인생을 성공적으로 이끈 여성들의 전기를 탐독했다. 그 당시는 여성에 대한 차별이 온 세상에 만연돼 있던 시기였다. 대표적인 사람들을 들면 엘리자베스 1세 여왕, 메리 큐리 같은 사람들이다. 그녀는 또 루이자 메이 알코트, 제인 번스타인, 에디스 월턴 같은 유명한 여류작가들의 작품을 읽으면서 자신의 꿈을 키워 나갔다.

"그러면 당신은 아직도 자신을 훌륭한 작가라고 생각하지 않으세요?"

나는 놀라서 물었다. 내 앞에 앉아 있는 앤너 퀸들런이 누구인가? 뉴욕 타임스와 뉴스위크에 고정 칼럼을 쓰며, 네 편의 소설과 두 편의 비소설로 베스트셀러의 작가가 되었으며 퓰리처상과 다른 여러 개의 상까지도 수상한 당대 최고의 작가가 아닌가 말이다.

"사실 나는 학창시절부터 문학에 소질이 있다는 소리를 자주 들으며 작가로서의 꿈을 가지고 자랐지요. 그 당시 선생님들의 격려가 제게는 큰 힘이 되었어요."

그녀는 이렇게 말하면서 자신의 성장배경에 대하여 좀더 이야기해 주었다.

"나는 아일랜드 풍의 대가족 속에서 성장했어요. 자연스레 많은 이야기들을 들으면서 자라나게 되었죠. 아주 자연스럽게 온 가족이 빙 둘러 앉아서 이야기하고 듣는 분위기 말이에요, 아시겠어요? 일 단 이야기를 시작하면 그것들은 점점 더 커지고 웅장해지고 더 재미있어지고 점점 더 빨라지잖아요. 바로 그런 분위기가 나에게 작가로서의 자질을 갖게 해 주었다고 생각해요."

여기에서 우리들이 얻을 수 있는 교훈은 이렇다. 만약, 당신이 자신이 무엇을 잘 하는지를 모르겠다면, 다른 사람들이 당신에게 무어라고 하는지를 잘 들으라는 것이다. 왜냐하면, 그들은 당신의 재능을 당신보다 더 먼저 꼭 집어 낼 수도 있기 때문이다. 앤너의 경우 학교 선생님들이 그랬다.

처음에 당신이 성공을 찾아 떠나는 길이 분명하게 보이지 않는다면, 그 불확실성 때문에 두려움이 엄습해 올지도 모를 일이다. 그럴 때는 이 책에서 소개되는 많은 사람들의 증언처럼, `당신의 성공을 향하는 길은 나중에 훨씬 더 크게 확대돼서 나타날지도 모른다고 생각하라. 믿기 어렵겠지만, 인생의 출발선상에서 곧바로 우리들이 꿈꾸는 목적지로 직행하는 사람은 아무도 없다는 사실을 명심하기 바란다.

탤런트라는 자질이 반드시 천부적(天賦的)이어야 하는 것만은 아니다. 유명한 헤어스타일리스트인 프레데릭 페카이의 경우도 맨 처음부터 황금가위를 쓰면서 그 세계에 진출한 것은 아니다. 어떤 사람들은 그가 분명 화려하게 출발하였을 것이라고 생각하기도 한다. 그의 출발지격인 뉴욕과 팜비치에 있는 뷰티살롱들은 전 세계에서도 가장 크고 호화롭기 때문이다. 그가 취급하는 일련의 상품들, 헤어케어와 스킨케어 제품들, 실내방향제들, 장신구들은 전국 구석구석에서 판매되고 있으며, 그의 이름은 자주 미용관련제품의 대명사처럼 언론이나 TV에서 보도되곤 하기 때문이다.

"나는 사람들이 '당신은 천부적인 사업가야' 라고 말할 때, 그 말을 믿지 않아요. 그것은 헛소리일 뿐이지요. 내 말은 분명히 사업에 귀재(鬼才) 같은 사람이 있기는 있어요. 그렇지만 나는 아니라는 거죠."

아주 이목구비가 뚜렷하고 잘 생긴 그의 용모를 보면서, 나는 모든 여성들의 우상인 유럽의 프로축구 선수들을 떠 올렸다.

프레데릭 페카이는 프랑스의 브루노 피티니로부터 미용기술을 배웠다. 브루노는 당시 유럽 전역에 '자크 데상' 이라는 수백 개의 뷰티살롱을 소유한 미용계의 대부였다. 그에게는 최고가 되고자 하는 열망이 있었으므로, 그는 스승의 기술과 미용법을 유심히 관찰했으며, 끊임없이 연습하는 과정을 통하여 하나하나 자기 자신의 기술로 만들어 나갔다. 그는 이제 이렇게 자신 있게 말한다.

"나에게는 최고가 되고자 하는 야망이 있었기 때문에(ambitions to be the first), 재능 있는 사람이 된 겁니다(became talented)."

End Notes

"나는 고등학교 시절에 사람들을 다루는 법을 배웠다. 그리고 그들을 조정하는 방법도 터득했다. 그때 나는 한사람 한사람을 이해하는 것은 마치 퍼즐게임을 하는 것 같다는 사실도 깨달았다. 이런 깨달음이 나중에 협상기술에 많은 도움을 주었으며 자연스럽게 본능으로 정착되어 버렸다. 그렇지만 나는 그런 재능과 기술들을 평생 동안 끊임없이 갈고 닦았다."

–Donald Trumph

"나는 꽃을 사랑하면서 살았다고 말하고 싶지만, 사실 나의 과거는 그렇지 못했다. 나중에 상황이 바뀌어서 꽃을 주제로 하는 일을 할 수 있게 되었을 때, 나는 내가 얼마나 그 일을 즐기면서 하고 있는지를 깨달았다."

–Preston Bailey

"나의 어린 시절에 꿈이 있었다면, 그것은 오직 경찰관이 되는 꿈 뿐이었다."

–Bill Bratton

"나는 어른이 되고 나서야 내가 좋아하는 일에서 나의 직업을 찾았음을 알 수 있었다. 어려서부터 나는 인쇄물을 좋아했고 특히 잡지읽기를 즐겨했다. 지금도 잡지 만드는 일을 하고 있다."

–Cathie Black

고용되라

　내가 이 책에 등장하는 모든 인물들에게 인터뷰를 시작하면서 던진 공통된 질문은 '직원 또는 부하를 채용하면서 그들에게 거는 기대는 무엇인가?' 하는 것이었다. 그 이유는 우리 사회 각 분야의 리더인 이들이 직업을 구하는 사람들에게 요구하는 자질이 무엇인지를 알아보는 것도 도움이 되겠다 싶어서였다. 도널드 트럼프가 그가 출연하는 프로그램인 〈Apprentice(견습생)〉에서 던진 말 한마디, '채용되었다고요?' 의 의미는 무엇일까?

● ● ●

　리차드 브랜슨 경은 그가 경영하고 있는 전 세계의 200개 사업장에서 5만명 이상을 고용하고 있다. 여기에는 Virgin Megastore나 Virgin Atlantic Airway도 포함된다. 우리들 세대에서 가장 성공하고 막대한 부를 축척한 기업인이라는 생각으로, 아마도 당신은 그가 '상어' 같은 인물을 선호할 것이라고 생각하기 쉬울 것이다. 그래야만 이 약육강식(弱肉強食)의 사회에서 기업이 살아남을 것이라고 믿으면서 말이다. 그러나 그 대답은 정 반대였다.

"나는 다른 사람들과 잘 지내는 사람을 찾는다. 스위치보드 전공(電工)의 별명을 안다거나, 객실청소를 담당하는 메이드의 이름을 아는 그런 사람을 원한다. 자기 상사나 중역의 이름을 달달 외우고 그들의 취미나 기호(嗜好)까지도 꿰뚫고 있는 그런 직원을 원치 않는다. 자기 부하직원을 성심성의껏 돌 볼 수 있는 그런 인간미가 있는 직원을 원한다는 말이다."

그는 말을 이어 나갔다.

"이것과는 별도로 우리는 각자 맡은 분야의 전문가를 찾는다. 관료조직 같은 데에는 관료기질을 가진 사람이 필요하고, 기업조직 같은 곳에는 기업가적 마인드를 가진 사람이 필요하다. 그러므로 우리가 추구해야 할 일은 바로 특별한 기술이나 자질을 갖고 있는 사람에게 그런 자리에서 일 할 수 있도록 해 주는 것이다."

• • •

마크 버넷은 비전을 가진 프로듀서이자 〈Survivor〉, 〈The Apprentice〉등의 프로그램을 개발해 냄으로써, TV 연예계의 선구자적 위치에 서게 된 사람이다.

"평범한 사람이 회사를 운영합니다. 그리고 평범한 사람이 비범한 사람을 고용합니다.”

그는 프로덕션 계통에서는 그냥 평범한 사람으로 통한다. 그리고 그는 몇 개의 특별한 프로그램을 즉각적으로 가동시킬 수 있는 능력을 갖고 있는 것으로 평가되고 있는데, 이러한 능력은 바로 자기가 고용하고 있는 특별난 사람들 때문이라고 했다.

“우리 팀에 들어오려면 분명 어떤 경력이 필요합니다. 그러나 나는 때때로 그런 능력이 없는 사람일지라도 스스로 하려고 하는 의지와 에너지를 갖고 있는 사람이라면, 그런 사람을 고용하기도 합니다. 나는 정말 사람들을 관리 감독한다는 게 얼마나 피곤한 일인지 잘 압니다. 매 분마다 나에게 ‘다음에는 뭘 하죠?’ 라고 물어보는 친구들과 일 한다는 건 정말 짜증나는 일이니까요.”

그는 자기가 선호하는 업무 추진 방식을 다음과 같이 설명했다

“나는 프로그램을 제작하다가 편집하고 수정하는데 몇 주씩 시간 낭비하는 것은 정말 못 참습니다. 그래서 나는 프로그램의 방향만을 제시해 주고 중간 점검 과정에서도 그것이 내가 정해 준 방향과 크게 벗어났는지 여부만을 감독합니다. 약간의 수정의견을 주면 팀원들이 스스로 알아서 최종적으로 완성된 결과를 가지고 오도록 하는 것이 저의 업무 스타일이지요.”

• • •

취업이 된다는 것은 단지 이력서를 내고 ‘혹시나’ 하면서 무엇이

되기를 기다리는 것이 아니다. 분명 그 이상으로 우리는 '무엇인가가 되도록, 또는 최소한 일어나도록' 해야만 한다. 여기에 사전에 철저한 준비를 하지 못해서 고생한 사람의 예를 들어보자.

바비 브라운은 대학을 졸업하자마자 무작정 뉴욕으로 상경하였다. 그녀의 꿈은 오직 하나, 메이크업 아티스트가 되는 것이었다. 그렇지만 그녀는 그 분야에 아는 사람이라고는 아무도 없었다.

"내가 어떻게 했겠어요? 전화번호부에서 Make-Up을 찾았죠. 거기에 혹시라도 무엇이 있나 해서요. 그래서 Make-Up Artist Union 이라는 데를 찾아갔어요. 거기서 만난 사람들에게 나를 3류 연속극 같은 데라도 좋으니 메이크업 일을 할 수 있게 해 달라고 졸랐죠. 그들은 나를 보면서 히죽히죽 웃더니 날보고 '조합원으로 태어나지 못했으면 20년은 걸릴 걸' 하면서 비아냥거리더군요. 그 때 나는 여기가 아니라고 느꼈어요. 또다시 전화번호부의 다음 장을 넘겼죠. ma… me… mo… 그렇게 해서 모델을 알아보게 되었지요. 마침내 모델 에이전시에 찾아가서 공짜로 모델들의 화장을 해 주겠노라고 제안했어요. 사진작가들을 찾아다니고, 패션잡지를 들여다보면서 업계 사람들의 이름을 외웠지요. 그들을 만나려고 무던히도 쫓아 다녔어요. 그리고 마침내 어느 날 누군가가 나를 고용하더군요. 그렇게 해서 메이크업 아티스트로서의 첫 인생이 시작된 것이지요. 정말이지 준비가 부족해서 엄청 고생 했다니까요."

뉴욕 양키스의 감독인 죠 토레(저자가 인터뷰할 당시는 뉴욕 양키스의 감독으로 있었다. 지금은 LA 다저스의 감독으로 있다. ―옮긴이)에게는 코칭스태프를 고용할 때 어떤 점을 중점적으로 기대하는지 물어 보았다.

"나는 그들의 능력이 충분히 분출되기를 기대한다. 단지 내가 감독이기 때문에 내 지시에 순종하는 것이 아니라, 그것과는 상관없이 자신들이 가지고 있는 확실한 능력을 보여주기를 원한다. 결국 큰 의사결정은 내가 하지만, 나는 그 과정에서 그들의 의견을 듣고 그들의 의사를 존중한다. 나는 또한 모든 선수들이 각 분야에 따라서 임명된 그들의 코치들, 예를 들면 러닝코치, 타격코치, 수비코치, 포수코치 등을 존경하고 따르기를 원한다. 그래서 나는 가능한 한 많은 코치들이 나를 위해 일하기를 원하며, 또 그들에게 최대한의 자율권을 보장해 주려고 노력한다."

프레이보이사의 최고경영자인 크리스티 헤프너는 그의 제품들을 TV와 인터넷에 성공적으로 진출시킴으로서 지금은 연간 6,500억원의 각종 제품을 유통시키고 있다. 그는 어떤 기준으로 직원을 채용할까?

"나는 첫 번째 기준으로 '영특함'을 꼽는다. 그 이유는 언젠가

헨리 루이스가 타임지에 기고한 말처럼, 우리들이 취급하는 상품이란 대개가 '밤중에 가정으로 은밀히' 팔려나가는 제품들이기 때문이다. 총명하면서도 삶에서 유머 감각을 유지하며 살아가는 사람, 그리고 직업 그 이상으로 자기 일에 열정을 갖고 임하는 사람, 진정으로 열심히 일하는 사람을 원한다. 다른 사람과 벽을 쌓지 않고 서로 협력할 줄 아는 사람, 정치적으로 상사에게 출세를 위해 아부하는 사람이 아닌, 일에 미친 사람이 우리 회사와 같은 기업 풍토에서 성공할 수 있는 사람이다. 나는 그런 사람을 원한다."

• • •

베스트셀러의 저자이기도하며 Court TV의 법률분석가인 리키 크리먼은 법조인으로서의 꿈을 꾸고 있는 젊은 여성들에게 자신에게 맞는 멘토를 찾을 것을 절절히 강조하고 있다.

"예를 들어보죠. 당신이 가령 조경(造景)을 좋아한다고 해 볼까요."

그녀는 매사에 항상 치밀하게 준비가 되어 있어서 우리와의 인터뷰에도 노트를 해 와서 미리 기다리고 있었다.

"당신이 조경에 대하여 꽤 많이 알고 있고 정말 열정적으로 공부를 했다고 쳐요. 만약 내가 당신 입장이라면, 아주 큰 서점에 가서 많은 시간을 보낼 것이예요. 그것이 인터넷이라고 해도 좋고 또 대학 도서관이라고 해도 좋아요. 그래서 나는 당대 최고의 조경 전문가를 찾아 낼 거예요. 그리고는 그를 접촉하겠죠. 그 사람이 어디에 있건 그건 문제가 되지 않아요. 당신이 LA에 있고 그 사람이 뉴욕에 있건, 또는 런던에 있건 말이에요. 그리고는 편지를 쓰거나 이메일을 보내거나 아니면 특급 우편으로 나의 자료를 보낼 거예요. 그리고는 이렇게 말하겠어요. '나는 이 분야에서 크게 성공해 보고 싶습니다. 그래서 당신의 도움이 절실히 필요합니다' 라고 말이죠."

확실히 이 방법은 리키에게 아주 제대로 먹혀 들어갔다. 그래서 그녀는 당대 최고의 재판 변호사인 조 오테리를 접촉할 수가 있었다.

"나는 그에게 전화를 했어요. 그리고 '나는 리키 크리먼인데 현재 스키너 판사의 서기로 일하고 있습니다. 제가 한 번 변호사님을 사무실로 찾아가 뵈면 안 될까요? 몇 가지 조언을 듣고 싶군요' 라고 말했죠."

그녀는 다소 흥분해서 다음 말을 계속해 나갔다.

"지금까지 오테리 선생님은 나에게 적극적인 멘토로서, 때로는 친구로서, 또 때로는 아버지 같이 아주 잘 해 주고 계시죠."

그날 이후로 조는 그녀를 자신의 날개 아래에 품어 주었으며 그가 알고 있는 모든 법률지식과 변론기술을 그녀에게 전수해 주었다. 리키는 법정에서 조의 행동이나 태도를 주의 깊게 관찰할 수 있었으며, 그의 변론서 초록을 읽을 수도 있었고, 그녀 자신이 담당하고 있는 사건의 잘잘못에 대한 조언도 구할 수 있었다. 이러한 조의 적극적인 후원에 힘입어서 리키는 미국 여성 법조인들 중에서 가장 훌륭한 재판 변호사가 될 수 있었다. 어떤 사람을 멘토로 섬기느냐가 성공에 있어서 매우 중요하다.

실리콘 밸리 벤처캐피털 업계에서 수천억 원의 자금을 주무르고 있는 큰 손인 톰 퍼킨스는 Kleiner Perkins Caufield의 공동설립자이자 야후, AOL, 아마존 같은 거대 기업의 투자자이기도 하다. 그의 세계에서는 빠른 사고와 의사결정이 무엇보다도 중요하다고 그는 강조한다.

"긴급함, 또는 급박성에 대한 인식이 무엇보다도 중요한 요소이다. 결국은 시간과 돈이 모든 것을 해결해 주기 때문이다. 그러나 당신에게는 시간과 돈이 없다는 것이 문제이다. 그렇지 않은가? 그러므로 당신은 빠른 시간 안에 그것들을 소유해야만 한다. 그래서 나는 '긴급성'에 대한 인식이 무엇보다도 중요하다고 늘 강조하는 것이다."

1957년에 톰 퍼킨스는 하버드 대학원을 막 졸업한 학생이었다. 그때 그는 Hewlett-Packard에 인터뷰를 했는데, 그 당시 휴렛-팩커드는 직원이 채 열명도 되지 않는 아주 작은 회사였다. 그 때 그는 데이브 휴렛과 빌 팩커드를 박람회장에서 면접하기로 돼 있었는데 놀랍게도 그들은 손수 부스를 설치하면서 바쁘게 일하고 있었다.

"나는 그 Trade Show가 오픈되기 전에 그곳에 갔어요."

그는 당시를 회상했다. 그때는 취업하기가 그야말로 하늘의 별따기 만큼이나 어려웠던 시절이었다고 한다.

아마도 내 기억으로는 그게 전시장 개장 바로 전날이었을 거예요. 그들이 부스를 설치하는 일은 생각보다도 오래 걸렸지요. 그래서 나는 그들을 도와주면서 인터뷰를 시작하게 된 겁니다. 그리고는 그곳에 직장을 얻게 되었죠."

"그것 참 멋진 이야기군요. 그 때의 면접 분위기는 어땠나요?"

나는 그에게 물었다.

"휴렛씨가 제게 이렇게 말하더군요. '저 망치 좀 갖다 주게나' 그것이 면접의 전부였어요."

톰 퍼킨스는 크게 웃었다.

• • • •

제인 프리드먼은 하퍼 콜린스 출판그룹의 CEO이다. 그녀는 직원 채용의 기준으로, 너무 잘난 체 하지 않고, 자기 자신이 많이 알고 있다는 것을 내세우려 하지 않는 사람을 우선적으로 채용한다는 것이다. 즉, 구직자로부터 어떤 인간적인 면을 발견하고자 한다는 것이다. 그것이 결국은, 그녀의 경험으로는, 미래의 피고용자로서의 응시생과 직장을 자연스럽게 연결시켜 주더라는 경험에 의한 판단 기준인 것이다.

"요즘 구직자들은 너무 똑똑해요. 그래서 나는 구직자들이 굳이 자신을 똑똑하다고 내 세우지 않았으면 좋겠어요. 대신 나는 아주 인간적인 사람을 좋아하죠. 따뜻한 사람 말이에요. 유머 감각도 있고요. 그런 사람은 척 보면 알지요. 그래서 내가 구직자들에게 충고를 한마디 한다면, '너무 지나치게 자신을 팔려고 하지 말라' 는 것이지요."

● ● ●

LA 경찰국장인 빌 브래튼은 미국 최초로 뉴욕 경찰국장과 LA 경찰국장이라는 두 거대도시의 치안분야의 총수를 모두 역임한 사람이다. 과연 그는 어떤 기준으로 인재를 선발할까? 그는 자기 자신을 신뢰하는 사람에게 높은 점수를 준다고 했다.

"나는 자신감과 야망을 가진 사람, 그리고 자기 자신을 믿는 사람을 찾고 있죠. 내가 찾는 사람은 위험 감수형이어야 하고 주위의 비판을 두려워하지 않는 사람이어야 합니다. 나는 또한 수직적인 사고방식을 갖고 있는 사람을 경멸합니다. 그런 사람은 상사의 똥구멍에 키스라도 할 수 있는 사람이니까요. 반대로 이야기하면, 만약 그럴 필요가 있다고 생각된다면, 부하직원을 발로 깔아뭉갤 수도 있는 사람이겠지요. 나는 수평적인 사고를 가진 사람을 선호해요. 윗사람도 섬기지만 아랫사람도 자상하게 돌보는 사람 말이죠. 한마디로 *중용(中庸)을 중시하는 인사라고나 할까요?"

무보수로 일하는 것이 때로는 비즈니스 세계에 들어갈 수 있는 최상의 방법이 될 수도 있다. 나는 처음 사회진출을 준비하는 초년

생들에게 무보수로 일하는 것이 결국은 대학이나 대학원 교육의 연장일 수 있다는 사실을 여러번 강조하였다. 내가 〈Southern Exposure with Bill Boggs〉라는 프로그램의 제작도 하고 사회도 진행하고 있을 때의 일이다. 그때 나는 부족한 일손을 메우기 위해 펜실배니어 대학의 취업 게시판에 무보수 인턴사원을 구한다는 광고를 낸 적이 있었다. 리처드 베이커라는 젊은이가 그 광고를 보고 내게 편지를 보내왔는데, 나는 아직도 그 편지의 첫째 문장을 잊을 수가 없다.

"당신이 노스캐롤라이나에서 진행하고 있는 쇼의 도우미를 찾는 다는 광고를 본 순간, 저는 마치 운명의 신이 제 어깨에 손을 얹고 그곳으로 인도한다는 느낌을 받았습니다."

동양에서 말하는 중용의 지혜가 바로 그것이다. 중용(中庸)이란 대학(大學), 논어(論語), 맹자(孟子) 와 함께 4서(四書)로 불리는데, 공자의 손자인 자사(子思)의 저작이라고 알려진다. 여기에서 말하는 중(中)이란 어느 한 쪽으로 치우치지 않는 것, 용(庸)이란 인간의 천성을 따르는 것을 의미한다.
인간의 본성을 따라 행동하는 것이 인간의 도(道)이며, 도를 닦기 위해서는 교(教)가 필요하다고 보는 것이다. 중용은 한마디로 이 교를 가르치는 학문이라고 할 수 있다. 중용에서 가장 핵심적인 사상을 말하라고 한다면, 서기중용(庶幾中庸) 노겸근칙(勞謙謹勅)이라는 여덟 자의 한자로 표현할 수 있을 것이다. 즉, 중용에 가까우려면, 부지런히 일하고, 고분고분 행동을 삼가고, 자기 자신을 늘 제어해야 한다는 말이다.
또 천명지위성(天命之謂性) 솔성지위도(率性之謂道) 수도지위교(修道之謂教)도 중용을 대표하는 가르침이라고 할 수 있다. 무슨 말인가 하면, 인성(人性)이란 하늘에서 부여 받은 것인데 인간은 원래 선(善)하게 태어났다는 성선설의 모티브이고, 도덕(道德)이란 당연히 그렇게 해야 할 행동인 바, 우리가 사회에서 지켜야할 규범이며, 교육(教育)이란 저절로 깨달은 성인을 빼고는 우리 모두가 가르침을 받아서 깨우쳐야 하는 것이기 때문에 도를 닦는 것과 같다는 말이다.

　그는 텔레비전 세계로 진출하기를 열망했고, 나의 구인광고를 TV 세계의 여러 분야를 배울 수 있는 절호의 기회로 생각했던 것이다. 나는 주저 없이 필라델피아로 날아갔고, 그가 점원으로 일하고 있는 전자제품 가게에 가서 그를 만났다. 불과 몇 분 만에 나는 그에게 말했다.

　"좋아. 다음 주부터 나와 함께 일해 보세."

　그는 내 방송국 근처로 이사 와서 하숙도 얻고 곧바로 일에 몰두하기 시작했다. 그렇게 해서 2년의 세월이 흐르는 동안 리처드는 어떻게 쇼 프로그램을 제작하는 지에 대한 모든 것을 몸에 익히게 되었다. 그는 처음에는 단 한 푼의 보수도 받지 못했지만, 어느 정도 시간이 흐르자 약간의 용돈 정도는 받아쓰는 처지가 되었다. 또 다시 몇 년의 세월이 흐른 뒤 리처드와 나는 공동으로 뉴욕에 프로덕션 회사를 설립하게 되었으며, 나중에 그는 개그 분야에 관한 한, 미국에서 제일가는 프로그램 제작자가 되기에 이른 것이다. 리처드 베이커는 그의 노스캐롤라이나 생활을 다음과 같이 회상하였다.

　"처음 2년 동안 WGHP-TV 방송국에서 무보수 인턴으로 근무하면서, 나는 방송에 관한 많은 것을 배울 수가 있었다. 그 당시 나는 다른 세 명의 프로듀서들과 함께 정말 모든 것을 다 바쳐가면서, 마치 우리들이 무슨 박사학위라도 받으려는 듯이 열심히 프로그램을 만들었다. 그때에 나는 쇼 진행자와 게스트의 관계, 사전 인터뷰 요령, Floor Producing(방송제작에서 감독이나 조감독의 지시를 받아서 플로어 디렉터가 현장제작 지휘하는 과정을 말한다. -옮긴이) 과정뿐만 아니라, 초대 손님을 공항에서 픽업하고 데려다 주는 것과 같은 잡다한 일도 다 해야만 했다. 여기에 더해서 나는 카메라, 조명, 음향에 이르기까지 기사들이 해야 할 일까지도 옆에서 거들면서, 그런 일들의 많은 부분도 몸에 익힐 수가 있었다. 결론적으로 나는 그 2년의 무보수 인턴 과정을 통하여서 방송국에서 일어날 수 있는 모든 일을 체험했으며, 매년 3천만 원 이상의 돈을 시라큐스나 보스턴 대학의 TV 제작 박사과정에 갖다 바치지 않아도 되는 일석이조(一石二鳥)의 성과를 거둔 셈이 되었다."

빌 오릴리의 대답 중 왜 자신이 성공할 수 밖에 없었던가를 설명하는 대목은 아주 직설적이다; 인내!

젊은 시절 그는 장래에 어떤 어려움이 닥치더라도 반드시 최고의 지위에 오르겠다고 굳게 다짐하였다. 그는 15년 동안에 자기 자신의 경력에 도전이 되고, 교훈이 되며, 그 다음 단계로 옮겨가는데 도움이 된다고 생각되는 직장을 무려 열 번이나, 그것도 기꺼이 옮겼다. 더 좋은 경력을 쌓기 위한 그의 노력을 한마디로 정의한다면 그것은 바로, '기회가 있는 곳은 어디든 기꺼이 가라'는 것이다. 빌 오릴리는 편안한 시간보다는 자신에게 도움이 되는 경력 쌓기를 더 선호하였던 것이 분명하다. 그는 말한다.

"자기 자신에게 더 이상 도전정신을 던져주지 못할 때 도대체 우리들에게 돌아올 수 있는 것은 무엇인가? '클리블랜드에 있을 때 잘 나갔지, 아니야, 보스턴에서 있을 때가 더 좋았어. 마이애미는 또 어떻고….' 기껏해야 이런 과거 회상 밖에 더 하겠는가?"

● ● ● ●

이번에는 나의 경험담을 이야기해 보겠다.

1970년대 초에 나는 필라델피아에 있는 KYW-TV의 〈McLean & Company〉라는 쇼 프로그램의 보조프로듀서로 일하고 있었다. 내가 그 일을 맡았을 때의 고용조건은 최소한 1주일에 1회 이상 방송에 출연하는 것이었다. 그 쇼는 처음엔 매우 성공적이었다. 그리고 나는 점점 더 대중들에게 알려지고 유명해 지기 시작하였다. 그러나 위기는 바로 그러한 때에 찾아왔다. 나는 가끔씩 방송 사고를 냈고, 그럴 때마다 나의 방송 출연시간은 자꾸만 줄어갔다. 그런 와중에도 나의 방송진행 경력은 서서히 쌓여갔고, 나의 실력은 꾸준히 늘어만 갔다. 어느 해의 새해 첫날 밤에 나는 중대한 결심을 하게 되었다. 그 결심인즉, 나는 내 자신이 보조출연자로서가 아니라 직접 하는 토크 쇼의 진행자가 되기 위해서라면, 미국내의 어느 곳이라도 가겠다고 내 자신과 약속한 것이었다. 두 달이 되지 않아서 한군데서 출연 교섭이 왔고, 나는 노스캐롤라이나의 하이 포인트라는 작은 도시에서 오디션을 치르게 되었는데, 그 조건은 내가 직접 토크 쇼의 제작과 진행을 맡는다는 것이었다. 그 오디션은 실제로 마약 중독의 경력이 있는 사람과 함께 앉아서 한 시간 동안이나 진행되었다. 나는 다행스럽게도 그 면접 바로 직전에, 타임지에 난 마약 관련 특집기사를 읽을 수가 있었으며, 시청자들이 마약에 관해 궁금해 할 수 있는 내용들을 시청자의 입장에서 정리해 본 적이 있었다. 나는 옆자리에 앉아 있는 그 출연자에게 마치 여행 중에 옆자리에 앉은 사람에게 이야기하듯 아주 자연스럽게 이야기를 풀어 나갔다. 그래서 결국 그 도시에서 내가 원하는 직업을 구할 수가 있었다. 그 길로 나는 곧바로 가족과 친구들이 있는 필라델피아를 떠나서 남쪽으로 짐을 꾸려서 떠났다. 필라델피아에 있는 많은 사람들은 - 동료들, 친구들, 친척들, 이웃들 - 내가 필라델피아라는 거대한 TV 시장을 뒤로 두고 노스캐롤라이나의 High Point라는 보잘 것 없는 동네로 떠난다는 사실에 충격을 받은 듯했다. 그러나 내가 그들에게 해 줄 수 있는 말은, 나는 나의 꿈을 이루기 위해 남쪽의 시골 마을로 떠난다는 것뿐이었다. 그것은 내게는 아주 단순한 문제였다. 즉, 나는 하이포인트에서 날마다 하는 프로그램을 통하여서 내 자신을 발전시키고 싶지, 필라델피아라는 큰 도시에서 내 시간의 90%를 멍청하게 앉아서 내 차례를 기다리며 벤치나 지키며 앉아있고 싶은 마음이 없었던 것이다. 그 지역이 크고 작고가 도대체 내게 무슨 상관이람? 그렇게 해서 나는 그곳에서 3년간을 〈Southern Exposure with Bill Boggs〉라는 프로그램의 진행자로 보내게 되었는데, 지금도 생각해 보면 그 3년의 기간은 이제껏 내 인생에서 가장 행복했던 시간이었다.

나는 구직 목적이건 또는 다른 목적이건 간에 인터뷰의 키포인트는 바로 당신과 대화하는 사람이 하나가 되도록 만드는 데에 있다고 생각한다. 만약 당신이 성공적인 대화를 통하여 어떤 결실을 원한다면, 면접관들이 당신에 대하여 편안하고 느슨한 마음을 갖도록 하는 것이 매우 중요하다. 이와 관련하여 가장 극적이고 통쾌한 스토리는 아마도 NBC TV *〈Today Show〉의 진행자인 매트 라우어의 이야기일 것이다.

그는 지방의 한 방송사에서 큰 성공을 거두었고 그로 인하여 스물 일곱 살이라는 젊은 나이에 뉴욕으로 진출하여 〈PM 매거진〉이라는 쇼 프로그램의 진행자가 되었다. 모든 일은 순조로웠고 그의 성공은 계속될 것만 같았다. 그러나 그의 슬럼프는 전혀 예상치 않게 찾아왔다. 그가 사회를 맡고 있던 4개의 Show가 취소되었다. 마치 한 개 한 개가 차례로 넘어지는 도미노처럼! 그는 케이블 TV에서 일거리를 찾긴 했지만 예전과 같은 수준의 일을 할 수는 없었다. 정서적으로도 재정적으로도 그에게 위기가 찾아왔다. 그러던 어느 날 그는 과감한 결심을 하게 된다. 그는 뉴욕 스타일의 삶을 포기하고 조그마한 시골 동네로 이사해서 거처도 다락방으로 옮기고 자신의 처지에 맞게 변신하여 생활하기 시작했다. 그는 돈이 필요했지만 그렇다고 해서 너무 작은 지방 방송에서 일을 할 수도 없었다. 그럴 경우 사람들에게 '매트 라우어가 아주 형편없이 망가졌다' 는 인상을 심어 줄 수 있기 때문이었다. 그가 나중에 생각해 낸 일은 정원사로서 나무를 다듬는 일이었는데, 그 일은 그가 모자를 깊이 눌러쓰고 일을 하면 사람들이 잘 알아보지 못할 것이라는 계산에서였다. 그 일을 시작하고 1년쯤이나 지났을까? 어느 날 아침에 전화벨이 울렸다. 어느 집에서 정원을 손질할 일이 있나보다고 전화를 받았는데, 놀랍게도 그 전화는 WNBC-TV의 편집국장인 빌 볼스터의 전화였다.

"우리 방송국의 한 친구가 내게 자네 테이프를 갖다 주었지. 자넨 참 쇼 프로그램을 잘 진행하더군. 어떤가? 자네 내일 저녁 약속 있나?"

"아, 네! 제 수첩 좀 잠깐 보고요."

매트는 씩 웃으면서 그 때의 상황을 이야기 해 주었다.

"아, 네, 괜찮은데요."

그렇게 해서 그는 다음 날 뉴욕으로 날아가 빌 볼스터 부부와 함께 저녁 식사를 하게 되었다.

당신은 이 책의 중간 중간에 매트의 반전 드라마를 계속해서 읽게 될 것이다. 바로 그 순간 매트는 그의 재능을 숨기고 평범한 시골 정원사로서 한 평생을 사느냐, 아니면 뉴욕의 메이저 TV에서 쇼 프로를 진행하느냐 하는 갈림길에 서 있었던 것이다. 그런데 매트는 그가 가장 잘 하는 것을 하게 되었다.

"나는 그 날 저녁 식사에 나가서 눈과 눈을 마주보며, 얼굴과 얼굴을 마주하고 아주 솔직하고 진지한 대화를 했다. 사실 나는 아주 절박한 형편에 놓여 있었다. 그 당시 나의 은행통장엔 돈이 단 한 푼도 남아있지 않았다. 내가 얼마나 이 직업에 목말라 했던가? 그러나 나는 그렇게 매달리지 않았다. 내 자신을 드러내 놓고 허심탄회하게 대화했다. 그 사람이 찾는 직종은 뉴스 앵커였지만 나는 뉴스 앵커인양 행동하지도 않았다. 그들 부부는 나에게 많은 질문을 했다. 나는 그냥 솔직하게 대답했다. 나의 좋아하고 싫어하는 것, 나의 열정, 두려움, 가족, 뭐 그런 것들에 관해서."

그는 웃으면서 몇 마디를 더 했다.

"알아요? 사실 나는 내게 그런 큰 기회가 올 것이라는 생각을 하지 않았어요. 아마도 그것이 나를 편안하게 해 주었던 것 같아요. 별로 큰 기대를 갖고 나가지 않았거든요. 원체 큰 방송국이었으니까요."

• • •

시리오 마찌오니와 그의 부인 에디, 그리고 세 아들 마리오, 마르코, 그리고 마우로는 유명한 Le Cirque 식당과 Circo 식당을 뉴욕, 라스베이거스, 그리고 멕시코시티에서 운영하고 있다. 나는 그들의 식당에서 지난 25년간 식사를 즐기면서 살아왔다. 그러면서 그들 식당만의 뛰어난 점을 발견할 수 있었다. 그것은 다름 아닌 그들과 종업원들, 코트를 걸어주는 아가씨에서부터 웨이터, 웨이터의 조수, 발레파킹을 해 주는 종업원에 이르기까지, 모두가 혼연 일체가 된 뛰어난 서비스정신이다. 시리오는 직원 채용 시 면접의 요령으로 다음과 같은 말을 들려주었다.

"키도 크고 잘 생겼다. 업무에 대한 지식도 웬만큼 갖고 있다. 일에 대한 열정도 있다. 이럴 경우, 내가 더 바랄 것이 무엇인가? 꼭 필요한 것 한 가지를 그래도 말해보라면, 나는 그것은 다름 아닌 '밝은 미소'라고 하겠다. 항상 웃는 얼굴이야말로 모든 것을 능가한다."

3

행운과 기회를
당신의 것으로 만들라

내가 열두 살 적에 뉴저지에 있는 오션시티의 한 호텔에서 나의 아버지가 들려 준 '인생의 블루베리 파이' 이야기가 없었던 들, 아마도 나는 이 책의 독자들에게 그 어떤 성공담도 들려 줄 수 없었을 것이다.

방학기간을 이용하여 우리 부모님은 나와 여동생을 데리고 뉴저지의 오션시티에 있는 링컨 호텔에서 휴가를 즐기고 있었다. 어느 날 점심식사 후 아버지는 당신이 최근에 산 흰색 양복 정장이 의자에 남아있던 블루베리 자국으로 인하여 얼룩진 사실을 발견하였다. 양복 여기저기에 묻어있는 얼룩무니로 인하여 아버지의 흰 양복은 거의 못 입게 되었다. 식당에 있던 사람들이 그것을 보고는 아버지의 곁에 몰려들었다. 언제나 조용한 신사였던 아버지는 우리와 함께 조용히 그 식당을 빠져 나왔다. 다음 날, 우리가 다시 그 식당에 들렀을 때, 우리 가족은 그 호텔의 사장인 쿠퍼씨로부터 극진한 환대를 받았다. 그는 아버지에게 어떤 일이 있었는지를, 또 아버지께서 그 사태를 어떻게 해결했는지를 종업원들의 보고를 받아서 다 알고 있었던 것이다. 그 날 이후로 우리 가족은 링컨호텔의 VIP가 되었으며, 모든 면에서 최고의 대우를 받을 수가 있었다. 그들은 우리가 호텔에 머물고 있는 동안에는 언제나 공짜로 식사를 제공해 주곤 하였다.

그 후 몇 년이 지나서 내가 펜실배니아 대학에서 공부하고 있을 때, 나는 여름방학의 임시직 자리가 절실히 필요한 적이 있었다. 그 때 나의 아버지께서는 링컨호텔에 가서 혹시라도 무슨 일자리가 있는지 알아보자고 하셨다. 우리는 그곳에 가서 사장인 코프씨를 만나서 나의 사정을 이야기 하였다.

"죄송합니다만, 오늘 아침에 이 호텔에서 필요한 마지막 일자리에 대한 최종 합격통지서를 메일로 발송하였습니다. 안됐군요."

그러자 옆에 있던 그의 아내가 잠시만 기다려 보라고 했다. 그녀는 아침 이른 시간이기 때문에 아직 메일을 수거해 가지고 가지 않았을지도 모르겠다고 했다. 우리는 프런트데스크로 뛰어갔고 편지들을 일일이 확인하여 그 합격통지서를 그 자리에서 찢어 버렸다. 그리고 나는 그 호텔에서 일하게 되었다. 링컨 호텔에서의 짧은 근무를 통하여, 나는 아주 중요한 사람들을 많이 만났으며, 그 중에는 오늘 날 내가 쇼 비즈니스에서 일하게끔 다리를 놓아 준 분도 계시다. 나는 지금의 성공을 바로 그 오션 시티에 있는 링컨호텔의 '블루베리 파이 사건'에서 시작되었다고 믿는다. 그 사건이 인연이 되어서 나는 뉴욕으로 진출하게 되었고 〈Midday Live with Bill Boggs〉라는 프로그램의 사회자가 된 것이다. 그날 아버지께서 입고 계셨던 흰색 양복에 블루베리로 얼룩진 작은 사건을 통해서, 나의 아버지는 신사로서 어떻게 행동해야 하는가를 보여 주셨을 뿐만 아니라, 나의 인생행로의 전체를 바꾸어 놓으신 것이다.

● ● ● ●

나와 이야기했던 많은 사람들 대다수는 행운이란 그것을 움켜잡을 준비가 되어있는 사람에게 찾아온다는 말에 동의한다. 세계 최고의 심장병 수술 전문의이며 베스트셀러의 작가인 메멧 오즈 박사는 그것을 '행운은 준비된 마음을 좋아 한다' 라는 한마디의 말로 요약해 주었다. 당신은 바로 조금 전에 매트 라우어의 행운을 움켜잡는 스토리를 들었을 것이다. 바로 WNBC-TV의 편집국장이 그의 테이프를 보고서 그를 전격적으로 인터뷰하여 채용하게 된 이야기 말이다. 그 기회는 마치 하늘에서 떨어진 것 같이 보일지 모르지만, 과연 그럴까? 만약 매트가 그의 능력을 계발(啓發)하지 않았더라면, 또 그의 능력을 한 개의 테이프 속에 녹화해 놓지 않았더라면, 그 테이프를 친구에게 주고 부탁해 놓지 않았더라면, 그는 아마도 WNBC-TV에서 매일 아침 생방송을 진행하는 행운을 잡지는 못했을 것이다.

“행운이란, 제 경험에 의하면요, 우연히 발생하는 일하고는 전혀 다르더군요.”

매트는 추가로 설명한다.

“행운이란 처음 보는 사람의 친절을 어떻게 낚아채는지 그 방법을 알고 있는 것이라고나 할까요? 꼭 필요한 사람을 꼭 필요한 시간에 만나게 되는 그런 우연 말이죠. 아니면 그런 우연을 자기 자신의 자산으로 만드는 기술이라고나 할까요?”

● ● ●

NBC 유니버설 TV 그룹의 CEO인 제프 주커도 우리들에게 동일한 조언을 해 주고 있다. 즉, 행운이 찾아 왔을 때 그것을 맞을 준비가 되어 있어야 한다는 점 말이다. 제프는 매우 열정적인 TV 방송사의 중역이다.

공교롭게도 나와 인터뷰를 하기로 한 그날 아침에 제프 주커는 NBC의 CEO로 승진하였다. 내가 매우 감명을 받은 사실은, 그날 아침 그의 사무실 문 앞에 기자들이 몰려들어 야단법석을 떨어도 그는 나와의 인터뷰 약속을 깨지 않고 그대로 진행해 주었다는 점이다. 내가 보기에도 그는 여러 가지 일을 동시에 진행할 수 있는 ‘업무의 달인’ 임이 틀림없어 보였다. 그는 사무실 이쪽저쪽을 왔다 갔다 하면서 이곳저곳에 짤막짤막한 전화를 해댔고, 나와 이야기를 하는 중에도 수시로 이메일을 체크하곤 했다.

“나는 말이야, 당신에게도 실은 어떤 행운이 필요하다고 보는 거야.”

그는 내게 말했다.

“그렇지만 나는, 그 행운이란 것을 만들어 내는 사람은 바로 당신 자신이라고 믿는 사람이야. 당신 스스로가 그런 행운을 맞이할 수 있는 자리에 있어야 한다는 거지.”

그는 계속 빠르게 말을 해 나갔다.

＊“당신은 아주 열심히 일해야 해. 최선을 다 해야 하고. 할 수 있는 모든 일을 다 해 봐야 하는 거야. 그런 다음에 그런 행운이 때때로 찾아 올 수도 있다고 믿으면서 기다리는 거지.”

당신은 행운을 맞을 준비가 되어 있어야 할 뿐만 아니라, 또한 스스로를 나타내려고 노력해야만 한다. 내 말은, 우리들 스스로가 그 방안에 있어야 한다는 것이다. 지난 수년 동안, 나는 사람들이 자기를 나타내는 것이 얼마나 중요한지에 관하여 이야기 하는 것을 여러 번 들었다. 이것이 바로 내가 항상 사람들에게 ‘마차에서 내려와 있으라’ 고 충고하는 이유이다. 만약에 내가 잭 웰치의 자서전 〈Winning〉의 출판기념회에 나가서 나를 보이지 않았다면, 내가 어

떻게 하퍼 콜린스의 회장인 조 테시토어를 만날 수 있었으며, 어떻
게 나의 이 책이 Harper Collines 출판사를 통하여 출간될 수 있었
겠는가?

● ● ●

이 원칙은 조이 비하르의 경우에도 그대로 적용됐다. ABC-TV의
장수 프로그램인 〈The View〉의 공동 진행자인 그녀는 어느 날 뉴
욕의 월도르프 아스토리아 호텔에 가게 된다. 그곳에서 그녀는 밀
튼 베를리의 89세 생일을 축하해 주게 되는데, 그 때 우연찮게 바
바라 월터스(Babara Walters)를 만나게 되고 '즉석 연기'를 제안 받
아 즉시 그에 응하였다. 그로 인하여 그녀는 ABC-TV에 스카웃되
는 행운을 잡을 수 있었던 것이다. 그녀를 통한 교훈은 분명하다.
그녀는 우리들에게 이런 조언을 해 주었다.

"Yes 라고 말하세요. 그리고 그곳에 있어야 합니다. 당신을 내
보이란 말이에요. 그래야 행운의 여신이 당신을 발견할 게 아니겠
어요?"

나의 지론은 이렇다. 즉, 행운이란 누구에게나 찾아오는 법이라
는 말이다. 그렇지만 많은 사람들이 그것을 잡지 못하고 이용하지
못한다. 만약 당신이 인생에서 행운을 만났다면, 그것을 적절히 사
용할 줄 알아야만 한다. 기회 포착의 지혜라고나 할까?

베스트셀러의 작가이자 풀리처 상의 수상 작가이기도 한 앤너 퀸들런이 젊었을 때는 남녀의 성차별이 사회 전반에 깊게 드리워졌던 시절이었다.

"어느 날 아버지는 내게 전화로, 내가 50년 전에만 태어났더라면 정말 꿈이고 희망이고 없는 끔찍한 세상을 살아갔을 것이라고 말씀하셨지요. 그렇지만 나는 지금껏 살아오면서 내가 여자라는 사실이 내게 오히려 유리하면 유리하게 작용했지, 불이익을 받았던 기억은 별로 없답니다. 한 예로 내가 뉴욕 타임스에 입사했을 당시에는 회사 내에서 남녀 간의 성차별에 따른 소송이 빈발할 때였는데, 회사는 그 타협안으로 우리 여성들에게 거의 남성에 준하는 대우를 해준다는 조건을 제시했어요. 나는 그 기회를 100% 활용하여 나를 더 상위 직급으로 끌어 올리는 계기로 삼았지요. 그것도 아주 엄청나게 빠른 속도로 말입니다."

CNBC-TV의 마리아 바르티로모는 전국으로 생방송되는 〈마리아와 함께 하는 월스트리트저널〉의 진행자이자 앵커우먼이다. 그녀 역시도 아주 절묘한 때에 그런 행운을 맛보았노라고 고백했다.

"행운과 타이밍이란 말은 내게 있어서 아주 특별한 관계가 있죠."

나와 그녀는 뉴욕의 하얏트리젠시 호텔의 주방 쪽 구석진 곳에 앉아 있었다. 아침 식사로 인하여 식당이 너무나 시끄러워서 우리는 조용하고 후미진 공간에서 이야기를 나누었던 것이다. 나는 10여 년 전에 그녀를 처음 만나면서 나의 에이전트에게 했던 말을 떠올렸다.

"이 사람은 앞으로 크게 될 인물입니다. 두고 보세요. 대 스타가 될 테니까요."

나의 이 예상에 걸맞게 그녀는 정말 크게 성공하였다.

"무엇보다도 첫 번째로, 내가 CNN에서 비즈니스 뉴스를 담당하고 있었을 때에는 비즈니스 방송(상업방송을 의미하는 것이 아니고 방송에서 비즈니스 뉴스를 취급하는 것을 말하는 듯 하다. ―옮긴이)은 유아기에 지나지 않았죠. 그때가 바로 1990년대 초였어요. 증권시장이 미친 듯이 날뛰었죠. 거대한 도약을 위한 용트림이 시작되었던 겁니다. 정말 열심히 했어요. 그러면서 유심히 살펴보았죠. 획기적으로 사람들의 시선을 끌 수 있는 방법이 없을까하고 궁리했던 겁니다. 바로 그 때 기회를 잡은 거죠. 아주 적절한 타이밍이었다니까요."

1993년에 그녀는 CNBC에 합류하게 된다. 그리고 2년 후, 그녀는 뉴욕 증권거래소의 현장에서 생방송으로 미국 전역에 방송하는 최초의 리포터가 되기에 이른 것이다.

"우리들은 방송장비를 증권거래소의 마루바닥에 가지고 갈 수가 있게 됐어요. 여러 번의 실랑이가 되풀이되던 바로 그 때, 뉴욕 증권거래소의 딕 그라소 회장이 그곳을 방문해서는 생방송을 해도 좋다고 허락해 준 겁니다. 그렇게 해서 우리는 도대체 그곳, 뉴욕 증권거래소에서 무슨 일이 벌어지고 있는지를 전국의 시청자들에게 아주 생생하게 전달할 수 있게 된 것이죠. 바로 제가 스타가 되는 시점이었죠. 증권시장은 계속 호황이었고, 사람들은 더 많은 정보를 더 빨리 얻고 싶어 했어요, 개인 투자가들은 자기 스스로 투자하고 싶어 했죠."

이러한 여러 가지의 요소들과 마리아의 능력과 카리스마가 한데 어우러져서 마술을 부린 것이다. 그녀는 그곳에서 생방송을 무려 10년간이나 계속 진행하는 행운을 누렸을 뿐만 아니라, 그로 인하여 비즈니스위크와 리더스다이제스트에 고정 칼럼을 기고하기까지에 이르게 된다. 그리고 지금도 〈Today Show〉에 고정 기고자로서의 역할을 하고 있다. 그녀는 그때의 경험을 이런 말로 요약해 주었다.

"지평선 너머를 정신을 바짝 차리고 살펴보는 게 아주 중요하지요. 도대체 그곳에서 무엇이 밀려올까 하고 말이에요 만약 잠시라도 한눈을 팔게 되면 기회는 곧장 사라져 버린다니까요.".

• • •

지금까지의 이야기를 통해서, 당신은 아마도 행운, 기회 이런 것들은 우연히 찾아 올 수도 있다는 사실을 깨달았을 것이다. 그러나 어떤 사람의 경우에나 다 내가 겪었던 것처럼 그렇게 전혀 기대하지 않았던 곳에서 조언과 지혜를 발견한 경우는 흔치 않을 것이라고 믿는다. 만약에 우리가 눈을 똑바로 뜨고 항상 준비만 되어있다면, 기회나 행운은 언제 어디서든 우리와 마주칠 수 있다는 사실을 내가 겪은 작은 경험을 통해서 독자 여러분들에게 알려 주려고 한다.

20여 년 전에, 나는 뉴욕 거리를 친구의 리무진을 타고 함께 드라이브 한 적이 있었다. 그날은 오랜만에 특별히 계획된 일이 없는 여유로운 시간이었다. 그때 갑자기 친구는 자기가 깜박 잊은 약속이 하나 있다면서 나에게 양해를 구했다. 친구는 나에게 굉장히 미안해했으나 나는 전혀 개의치 않았다. 그래서 나는 그 친구를 차와 함께 보내고 뉴욕 거리를 어슬렁거리고 걸었다. 어느 사이 나도 모르게 이스트사이드의 20번가 쪽을 배회하고 있는 나 자신을 발견하였다. 오랜만에 호젓한 시간을 가져 볼 심산으로 길 옆에 있는 카페에 들어갔다. 불현듯 위스키를 한 잔 하고 싶다는 생각이 났다. 나는 카페 안에 들어가서 한 테이블에 자리를 잡았다. 무심코 홀 안을 돌아보다가 옆자리의 어떤 남자와 눈이 마주쳤다. 검정색 정장을 하고 있는 남자였는데, 나를 쳐다보고 있는 눈동자가 게슴츠레 한 모양으로 보아서는, 그 남자는 그곳에 온 지 꽤나 시간이 된 것 같았다. 그는 나를 보는 순간 내가 요구하지도 않은, 아주 황당한 말을 내뱉었다.

“내가 하는 말을 잘 들으란 말이요. 당신이 언제 어떤 상황에 있든지 앞으로 인생을 살면서 내 말을 꼭 기억해 주었으면 좋겠군.”

그는 눈에 힘을 주면서 나에게 말했다.

“반드시 계약서를 쓰는 습관을 들여요!”

그 말을 마치고 나서 그는 마치 아무 일도 없었다는 듯이 다시 고개를 돌리더니 위스키 잔을 홀짝이고 있었다. 나는 그날 그가 어떤 상황에서 그런 말을 내게 했는지, 그 사람이 무엇을 하는 사람인지 전혀 모른다. 그러나 이상하게도 그의 말은 그 순간 나의 뇌리에 아주 강하게 각인되었다. 실로 굉장한 충격이었다. 그냥 술 취한 사람의 독백으로 들어도 될 수 있는 상황이었는데, 사실은 그렇게 생각하는 게 더 타당한 상황이었는데도, 그의 말은 계속해서 내 귓가에 맴돌았다. 그 날 이후로, 나는 어떠한 사업 환경 속에서도 반드시 계약서를 쓰는 것을 생활화하였다. 그 습관은 나의 삶 속에서 너무나도 확실하게 자리를 잡고 있었기 때문에, 나는 나의 아들에게도 늘 그 중요성을 강조하였다.

End Notes

"무엇이 우연히 찾아오는 행운이고 무엇이 본인의 타고 난 재능인지 분간하기란 사실상 쉽지 않다. 그렇지만 나는 적절한 때가 찾아올 때까지 참고 견디는 습관을 길렀다. 그리고 그 때에 가서 협상해야만 100% 본인이 원하는 결과를 얻을 수 있다는 사실을 터득했다."

—Donald Trumph

"그래요. 언제나 타이밍이란 건 있지요. 그러나 이 세상에는 우리가 통제할 수 없는 변수들이 너무나도 많이 있답니다. 그 대신 그것을 잡을 준비가 되어 있도록 항상 자신을 최상의 상태로 만들어 놓는다는 것이 아주 중요합니다. 그러기 위해서는 그 일에, 또는 상황에 맞게 자신을 교육하고 지식을 습득하고 자신에게 어떤 것이 필요한지를 스스로 깨닫는 마음가짐이 필요하지요."

—Renee Zellweger

"행운이란 매우 중요한 요소이다. 그리고 타이밍이란 더욱 더 중요한 요소이다. 그리고 그것들이 적절히 결합하게 되면 아주 신비한 결과가 나타나게 된다. 그러나 결국 이러한 요소들을 결합하는 주체는 바로 다름 아닌 당신 자신이다. 그러므로 당신은 이 요소들을 언제, 어떻게 적절히 사용할지를 알고 있어야만 한다. 그것은 마치 초콜릿 케이크를 만드는 것과 흡사하다. 당신이 설탕을 넣기를 깜빡했다면 그 맛은 전과 같지 않을 것이다. 당신이 너무 오랫동안 구웠다면, 그 맛 또한 예전의 그것과는 다를 것임에 분명하다. 행운과 타이밍을 적절히 결합하는 것, 그것이 매우 중요하다."

—Diane von Furstenberg

올바른 결정을 내리라

성공에 이르는 길에는 여러 가지 갈래 길이 있다. 그리고 그 갈림길을 분별하기란 사실상 쉽지 않다. 우리는 언제나 결정을 하면서 살아야한다. 이 오퍼를 받아들여야 할 것인가, 아니면 그냥 지나쳐 버릴 것인가? 이 위험은 감수할 가치가 있을까, 보다 더 안전하게 가는 게 좋지 않을까? 이 직장을 그냥 잡을까, 아니면 더 좋은 기회를 노리면서 조금만 더 기다려 볼까?

개인적으로 나는 늘 이런 결정을 하면서 살아왔기 때문에 어떤 결정을 내리는 데 어려움을 겪는 그런 사람은 아니다. 나의 강점 중 하나를 꼽으라면, 나는 언제나 적극적인 상상력을 동원한다는 점이다. 그래서 어떤 중대사안을 앞에 놓게 되면, 나는 그것이 가져올 수 있는 몇 개의 시나리오를 긍정적으로 떠올리곤 한다. 그래도 쉽지 않은 결정에는 나의 주변에 도움을 청하곤 하는데, 그들은 어머니, 아내, 그리고 오래된 친구들이다. 나는 수많은 성공한 사람들과 인터뷰를 진행하면서, 그들로부터 몇 가지의 흥미로운 자료를 수집할 수가 있었다. 만약 당신이 어떤 결정의 갈림길에 있다면, 이제부터 내가 들려주는 이야기를 참고해 주기 바란다.

● ● ●

아카데미 수상자인 르네 젤위거는 자기 자신의 핵심가치나 열정과 부합되지 않으면, 돈이나 명예나 어떠한 권력의 유혹도 모두 뿌리치는 여배우로도 유명하다. 르네는 할리우드에서 A⁺급의 여배우임에 틀림없다. 르네와 나는 이웃해서 살고 있다. 그녀를 볼 때면 나는 언제나 그녀의 반짝이는 눈망울과 밝게 웃는 미소를 통하여, 그녀가 자신을 아주 잘 관리하는 사람이라는 감동을 받곤 한다. 르네는 〈Jerry Maguire〉에서 Dorothy Boyd의 역할로 잘 알려졌으며, 두 편의 〈Bridget Jones〉에서는 사랑스럽고 천진한 모습으로 관객들의 마음을 사로잡았으며, 〈콜드 마운틴〉에서의 열연으로 여우 조연상을 받기도 했다. 그러나 가장 극적인 장면은 역시 영화 〈시카고〉에서의 록시 하트의 역할이었을 것이다. 이 영화의 흥행으로 인하여 최장수 뮤지컬의 대명사로 알려져 있던 〈시카고〉는 연극공연을 중단하기에 이른다. 그녀를 유명하게 만든 사건이 또 하나 있는데 그것은 바로 1998년에 영화 〈Godzilla〉의 출연교섭을 거절해 버린 사건이다. 그 사건은 그녀의 가장 근본적인 성향을 아주 단적으로 보여준 사건이었다. 즉 그녀는 아무리 많은 돈을 주어도 자신이

극 대본을 읽고 영감을 받지 않으면 결코 그 영화에 출연하지 않는다는 자신과의 확고한 약속이 있었던 것이다.

"어떤 영감(靈感) 같은 것을 받아야 하는데 그게 없었어요."

그것이 과연 그녀가 그런 거액의 제의를 뿌리칠 수 있었던 순수한 동기였을까? 또 다른 것은 없었을까? 나는 계속 물었다.

"그 당시 당신은 별로 돈도 없었잖아요?"

"네, 그건 그랬어요."

그녀의 대답에 거짓은 없어 보였다.

"그렇지만, 내가 그 대본을 보고 난 소감은요. '야, 이거 정말 해볼만 한 일이겠는걸!' 하는 마음이 생기지 않더라는 거죠. 제 기분 이해하시겠어요?"

• • · ·

필라델피아 이글스의 구단주인 제프 루리에의 결정은 아무리 사소한 것일지라도, 기자들이나 팀의 열광적인 팬들에게는 큰 반향을 일으킨다. 사실 내가 제프를 인터뷰하기로 한 중요한 이유 중의 하나는 바로 그가 이글스팀을 통하여, 필라델피아 시민들에게 긍정적인 감정을 고양시키고 그런 정신을 도시 곳곳에 스며들게 함으로써, 도시 전체를 한 단계 더 높은 차원으로 승화시킨 점을 높게 평가해서였다. 인터뷰에서 그는 이렇게 말했다.

"팬들만 놓고 보자면, 그들은 상대팀과 겨루었을 때, 반드시 이기기를 원한다. 그것도 아주 큰 스코어 차이로. 그러나 내 생각은 좀 다르다. 좀더 긴 안목으로 보자면, 최소한 4주나 아니면 1년 정도의 장기적인 관점에서, 그들의 그런 지나친 희망은 오히려 팀에 마이너스로 작용할 수도 있다. 그래서 나는 항상 우리 팀이 어느 위치에 있는지, 궁극적으로 필라델피아 시민들에게 더 큰 것을 줄 수 있는 방법은 없는지를 참모들과 머리를 맞대고 숙의(熟議)하곤 한다.”

우리가 제프를 인터뷰하기로 한 날은 공교롭게도 제프가 이글스 팀의 가장 핵심 멤버인 테렐 오웬스와 재계약 협상을 하기로 한 마지막 날이었다. 테렐은 분명 그 팀의 핵심 선수였지만 그는 팀에게 엄청난 고액의 연봉을 요구했고, 그것을 받아들일 경우 팀 내의 불화는 불을 보듯 뻔한 일이었다. 여기에 제프의 딜레마가 있었다. 비록 그 일로 인하여 그의 목덜미에는 벌레가 기어 다니고 있는 기분이었겠지만, 그는 우리에게 그런 내색을 전혀 하지 않은 채로 인터뷰에 응해 주었다. 그는 침착했으며, 잘 정돈된 듯한 자세로 임했고 우리들의 인터뷰에 모든 신경을 집중하였다. 검정색 양복을 말끔히 차려 입은 그를 보면서 나는 그가 마치 참선(參禪)을 하고 있는 사람 같다는 느낌을 받았다. 지금 그가 어떤 상황인지를 알고 있었기에, 나는 이번에야말로 그가 이런 상황에서 어떤 결정을 내릴까 내심 기대하고 있었다.

“나는 이것이 바로 우리 팀이 성공할 수밖에 없는 이유라고 생각 한다네.”

그는 말했다.

"나나 우리 참모들은 일이 반드시 좋은 방향으로 이루어져야한다는 점에 동의하고 있다네. 그러나 한편으로는 그것도 반드시 철저히 분석적이어야만 하지. 우리는 단 한 차례도 대중적인 인기에 영합하여 의사결정을 한 적이 없어. 지난 몇 년간 팀을 위해서 내린 결정 중 가장 성공적인 결정들은 가장 인기 없는 결정들이기도 했지."

그는 계속 말을 이어갔다.

"우리에게는 분명한 정책이 있고, 방향이 있고, 미래를 향한 계획이 있지. 큰 결정을 할 때는 항상 그것들을 되짚어 보는 거야. 만약 어느 순간에 우리가 그런 기본적인 것들을 망각하게 되면, 그 때야말로 우리들은 바람에 날아다니는 파리와도 같은 신세가 되는 거지."

제프 루리에의 큰 그림에 따른 결정은, 비록 그것이 인기가 있건 없건 간에, 이글스팀을 미식축구의 정상에 서도록 만들었으며, 필라델피아 시민들에게는 한없는 자긍심을 불어 넣어 주었던 것이다.

● ● ●

결정을 어렵게 만드는 한 가지 이유는 어떤 하나를 선택한다는 것은 다른 여러 가지의 가능성들을 버려야 한다는 데 있다. Decision(결정 또는 결심)이라는 말의 라틴어 어원은 Decicus인데 이 말의 뜻은 '잘라 버린다'는 의미이다. 나는 삶의 경험을 통하여 '우

리가 어떤 한 결정을 내리고 그것에 과감히 몰입하게 되면, 우리는
전보다 훨씬 더 강력해진다'는 사실을 깨달았다. 바로 이 이론은
전설적인 TV 극작가인 노만 리어의 좌우명이기도 하다. 그는 〈All
in the Family〉를 비롯하여 〈Manude〉, 〈Sanford and Son〉, 〈제퍼
슨 가족 이야기〉 등 수많은 히트작을 발표한 바 있다. 리어의 재능
과 비전은 미국 TV 극, 특히 시트콤(Situation Comedy)에 큰 논란을
불러 오기도 했다.

나는 운 좋게도 노만의 요트에 초대된 적이 있었는데, 우리는
1982년 여름에 그것을 타고 이태리의 아말피 연안을 여행하면서
즐거운 시간을 가졌다. 그와 함께 한 요트여행에서 참 많은 것을
알 수 있었다. 그는 매우 활력이 넘치는 사람으로 이야기하기를 좋
아하고, 또 이야기 듣는 것도 좋아하는 사람이었다. 내가 다시 그를
인터뷰하게 된 것은 그로부터 24년이 지난 후였는데, 그는 나를 베
버리힐스에 있는 그의 호화로운 사무실로 초대하였다. 그의 모든
행동 하나하나는 나를 놀라게 하기에 충분했다. 그는 83세였는데
걸음걸이도 전혀 흐트러지지 않았으며, 예의 그 빠른 농담을 즐기
고 있었고, 우리가 이태리 해변 가에서 즐겼던 그해 여름의 일들을
하나도 틀리지 않고 정확하게 기억해 내는 것이었다.

노만이라고 늘 편안하고 쉬운 결정만을 내리며 살아온 것은 아니
었다. 그중 가장 심각했던 사건은 *〈All in the Family〉와 관련된
것이었다. 그 당시 ABC TV 측은 그의 대본 초안을 세 번씩이나 퇴

짜 놓았다. ABC에서 그 시트콤이 방영되기는 이미 글러먹은 상태였다. 바로 그때, 유나이티드 아티스트사에서 그에게 제안을 해 왔다. 세 개의 영화 대본을 써 달라는 것이었다.

"내가 만난 모든 사람들은 한결같이 이 세 개의 대본 제안을 받아 들여야만 한다는 것이야."

그는 회상했다.

"그렇지만 내가 보여준 그 대본을 읽어 본 사람들은 누구나가 깔깔대며 웃곤 했지. 눈물이 날 때까지 웃지 않은 사람들이 없었다니까. 그래서 나는 확신한 거야. '이건 분명히 되는 놈이다. 단지 때를 만나지 못한 것이고 임자를 만나지 못했을 뿐이다.' 라고 말이지."

노만 리어는 United Artists에서 요구한 세 편의 영화 드라마 제의를 거절했다. 그리고 〈All in the Family〉를 가지고 열심히 이곳

Tips & tips

Norman Lear의 작품 〈All in the Family〉는 미국 방송극 사상 최장의 인기프로그램으로 자리매김하였다. CBS TV Networks을 통하여 첫 방송이 나간 1971년 1월부터 1983년까지 장장 13년간을 미국 국민들의 사랑을 독차지한 시트콤의 대명사가 되었다. 원래 노만 리어가 영국에서 방영된 작품을 바탕으로 하여 써 내려간 이 TV 드라마는, 초창기부터 미국 내에서 많은 논란을 불러 일으켰다. 이 작품은 곳곳에 인종문제, 동성애문제, 여권신장문제, 강간장면, 성기능장애 등 수많은 문제들을 안고 출발한 작품이었기 때문에, TV 방송의 가족 오락극(시트콤)으로는 적합하지 않다는 비난을 받아왔다. 그러한 논란에도 불구하고 Nielson에서 조사한 미국 내 TV 방송극 부분에서 5년 연속(1972 ~ 1976) 시청률 1위를 기록하였으며, 2002년이 되어서야 〈The Cosby Show〉에게 5년 연속 1위라는 명예를 넘겨주게 된다. 지금까지도 〈All in the Family〉는 미국 내에서 가장 인기 있었던 프로그램 중 당당히 4위에 랭크되는 기록을 유지하고 있다.

저곳을 쫓아 다녔다. 그러던 어느 날 드디어 CBS TV에서 그의 작품을 방영하기로 결정이 되었다. 그 결과는? 그의 작품은 공전의 히트를 계속했다. 그는 뒤를 돌아보지 않고 옳다고 믿는 것을 과감히 밀고 나갔다. 그리고 그런 그의 결정은 그를 미국 TV 극작가 중 '왕 중의 왕' 으로 만들어 주었다.

● ● ●

직업 테니스 선수인 제임스 블레이크는 테니스 세계에서는 스타임에 분명하다. 안드레 아가시와 붙은 2005년 U.S. Open 8강전에서 그는 연장전까지 가는 접전 끝에 아깝게 패하고 만다. 스코어는 3:6, 3:6, 6:3, 6:3, 7:6이었다. 비록 지긴 했지만, 그는 그 경기를 통하여 스포츠계의 우상을 간절히 열망하고 있는 전 세계 테니스 팬들의 마음을 사로잡아 버렸다. 제임스는 어려서부터 그의 출중한 재능을 드러내며 테니스게임에 푹 빠져 버렸다. 그가 열세 살이 되었을 때, 그는 자기 자신이 선택의 기로에 서 있다는 것을 깨달았다. 그는 진정한 테니스 스타가 되기 위해서는 그가 좋아하는 다른 잡다한 것들을 과감히 포기하고, 모든 시간과 정열을 훌륭한 게임 기술을 개발하는 데 집중해야만 한다는 사실을 알게 된 것이다. 그는 슈퍼스타가 되기 위해서는 무엇을 해야만 하는지를 열세 살이라는 아주 어린 나이에 터득한 것이다.

나는 그를 LA에 있는 몬드리안 호텔에서 만났다. 강한 다리와 큰 키에 야구 모자를 뒤로 돌려 쓴 채 그는 노란색 티셔츠를 입고 느린 걸음걸이로 내게 다가왔다. 그런 여유로움 속에 메이저 대회의 우승자다운 강인함도 느껴졌다.

"나는 이 말을 어렸을 때 선생님으로부터 들은 기억이 납니다. 만약에 중요하다고 느끼는 그 무엇이 있다면, 그것을 의지를 갖고 추구하라는 말씀이죠. 반대로 말하면, 만약 당신이 그것을 추구하려면, 그에 상응하는 무엇인가를 희생할 줄도 알아야 한다는 말씀이었죠. 저는 선생님이 가르쳐 주신 대로 했어요. 그래서 테니스를 위해서 제가 좋아하던 야구, 음악에의 흥미, 이런 것들을 다 포기했단 말씀입니다."

내가 말했다.

"당신이 테니스 스타가 되기 위해서 모든 것을 희생했다는 말이군요."

"네, 그래요. 야구, 축구 이런 모든 운동에 만능이 될 수는 없잖아요? 나는 그것들을 포기했지요. 대신 테니스에 관한 한, 다른 사람들보다 훨씬 더 잘하기를 원했죠. 그래서 나는 테니스가 내 인생에 있어서 정말로 중요하다고 늘 중얼거리며 다녔답니다."

● ● ●

마리오 쿠오모는 그에게 온 두 개의 큰 제안을 거절한 것으로 유명하다. 그는 클린턴 대통령 시절에 부통령직을 거절하였고, 또 한

번은 대통령 후보로 나서라는 당원들의 요청도 거부하였다.

"내 자신의 습관은 언제나 가능한 모든 상황을 고려한다는 거지, 비록 그것이 다른 사람들에게 지루하게 느껴질지라도 말이야."

그는 말을 이어 나갔다.

"나는 늘 내 자신에게 묻곤 해. '이것은 나에게 좋은 일인가?' 얼마만큼 좋은 걸까? 이 일로 인해서 내가 지불해야 할 대가는 무엇일까?' 이런 것들 말이지. 그런 다음에는 그것이 내게 어떤 대가를 요구하는지를 면밀히 검토하지. 아주 철저하게 모든 가능성을 면밀히 검토하는 거야. 나는 무작정 돌진만 하는 그런 돈키호테 같은 저돌적인 사람은 못돼. 그래서 사람들은 나를 보고 '햄릿'이라고 부르지."

그는 웃음을 지으면서 자신의 약점도 인정했다.

"예를 들면 사람들이 나보고 대통령 후보로 나가라고 했을 때 말이야. 나는 엄청난 시간을 투자해서 여러 가지를 검토해 보았어. 그런 다음에 그만두기로 최종 결론을 내렸지."

마리오는 인터뷰를 하는 내내 시종 밝은 웃음을 잃지 않았다.

"우리에게는 늘 두 개의 목소리가 있지. 한쪽은 귀에 대고 이렇게 속삭인다네. '이봐, 만약에 당신이 그 제안을 받아들인다면, 당신은 이 세상에서 제일 유명한 사람이 되는 거야. 생각해 봐. 멋지지 않아? 당신이 미국 대통령이 된다면 세상에서 가장 큰 권한을 갖는 사람이 된다니까.' 이것은 달콤한 유혹이지."

그는 웃으면서 다음 말을 계속해 나갔다. 그에게서는 아무도 범

할 수 없는 위엄이 느껴졌다.

"다른 쪽 귀에는 이런 목소리가 들려오지. '마리오, 분명 당신은 큰 권력을 소유할 것임에 틀림없어. 모든 사람들이 당신의 영향력 아래 있을 거야. 그렇지만, 당신이 그 자리를 차지할 만큼 충분한 능력이 있다고 과연 확신할 수 있을까? 다른 사람들보다 그 직무를 더 잘 수행할 능력이 되는지를 생각해 보았느냐는 말야. 그러니까 당신은 그 달콤한 유혹에 넘어가면 안 되는 거야.' 이것은 나의 충동을 자제시키려는 또 다른 목소리지."

마리오 쿠오모가 이야기하는 그런 심사숙고(深思熟考)는 사실 우리들 평범한 사람들이 흔히 겪는 일은 아니다. 대통령후보가 된다는 것은 분명 큰 행운임에는 틀림없다. 그렇지만 우리들 인생 전체를 놓고 볼 때는 반드시 그렇지 않을 수도 있다. 그런 큰 자리에 앉아서 인생이 비참해지는 경우를 우리들은 자주 보아왔기 때문이다.

마리오의 '지적인 의사결정 방법'은 두 개의 가능성을 주의 깊게 듣고, 심각하게 고민하고 검토한 후, 자기 자신의 내면의 속삭임이 제시하는 방향으로 나아가는 것이다. 그는 솔직하게 그 당시의 심경을 고백하였다.

"대통령 후보직을 수락하라는 요청이 빗발쳤을 때, 내 자신의 목소리는 아무래도 내가, 자마이카의 퀸즈 출신인 내가 말이야, 미합중국의 대통령 후보로는 적합지 않다고 말하더군. 그래서 나는 내면의 솔직한 속삭임에 순종한 것이라네."

매트 라우어의 어두운 시절에, 그는 정말 돈이 필요했었다. 그 때 그에게 어떤 사람이 '게임 쇼'를 진행해 보겠느냐고 접근해 왔다. 분명 그것은 돈벌이가 되는 직업이었다. 그러나 그는 생각했다. 일단 이 오퍼를 받아들인다면, 앞으로 영원히 큰 방송국에서 진지한 인터뷰 진행자로서의 역할은 할 수 없을 거라고. 그렇다면 지금과 같이 이 시골에서 정원손질이나 페인트칠하는 일을 계속해야 하는 걸까? 그때는 정말 많이 망설였노라고 그는 솔직히 고백하였다. 그러나 그는 참고 기다렸다. 언젠가는 기회가 올 것이라고 굳게 믿으면서… 결국 그의 판단은 옳았다. 지금에 와서야 말이지만, 만약에 매트가 그 당시 그 제안을 받아 들였다면, 그에게는 결코 오늘날 〈Today Show〉의 사회자로서 대형 인터뷰 쇼를 진행하는 슈퍼스타의 지위는 없었을 것이다.

End Notes

"기회가 무르익을 때까지 참고 기다려라. 당신은 언젠가는 자동차 할부금을 내게 될 것이고, 밀린 보험료도 해결할 수 있을 것이며, 결국에는 근사한 식당에서 식사를 하게 될 것이다. 섣부른 판단으로 사태를 그르쳐서는 안 된다."

—Matt Lauer

"나는 마르타 스튜어트, 도널드 트럼프, *제프리 카젠버그와 같이 훌륭한 사람들과 일을 할 수 있었던 것을 행운이라고 생각한다. 그들의 공통점은 의사결정에 있어서 매우 빠르다는 사실이다. 예, 아니오, 예, 아니오… 나는 그들이 망설이거나 흔들리다가 정작 중요한 기회를 놓쳐버리는 일을 한번도 본 일이 없다."

—Mark Burnett

Tips & tips

제프리 카젠버그(Jeffrey Katzenberg)는 드림웍스 애니메이션의 CEO이다. 그러나 그는 현재의 CEO라는 직책보다는 2001년의 슈렉과 월트디즈니의 제작 책임자였다는 전력으로 더 유명할 것이다. 1979년에는 스타트렉을 흥행시켰으며, 1984년에는 월트디즈니의 CEO가 된다. 인어공주(1989), 애니메이션으로는 처음으로 아카데미 후보작에 오른 미녀와 야수(1991), 알라딘(1992), 라이언 킹(1994) 등이 그가 흥행시킨 대표작품들이다. 1994년에는 스티븐 스필버그와 공동으로 드림웍스를 설립한다. 2006년에는 Apprentice에 출연하여 승자(Task Winner)가 되기도 하고, 같은 해에 치러진 캘리포니아 주지사에 동료인 아놀드 슈와제네거를 지원하기 위해 스티븐 스필버그와 함께 유세활동을 벌이기도 한다.

제 2 부

성공을 위한 마음가짐

"
나는 도전을 좋아한다. 그래서 단골식당이 별로 없다.
왜냐하면 그곳에서는 별다른 변화를 느낄 수 없기 때문이다.
나는 끊임없이 변화를 향해 움직이는 사람이다.
"

-Bill Bratton(전 뉴욕경찰국장, 현 LA경찰국장)-

기회를 잡으라

어느 순간이건 간에, 높은 정신적 수준은 큰 축복이다. 그리고 우리는 그것에 도달하려고 항상 노력해야 하고 또 깨어 있어야 한다. 여러 해 전에 나는 특별한 순간을 제대로 포착했기에 오늘 날 내가 하고 싶은 일을 하면서 나의 꿈을 실현할 수가 있었다.

내가 대학원을 졸업한 후 (Annenberg School for Communication at the University of Pennsylvania), 솔직히 나는 그 당시 나의 어렸을 적 꿈을 실현하려면 어떻게 해야 하는가에 대한 아이디어가 전혀 없었다. 그래서 나는 첫번째 직장으로 암스트롱 코르크 회사에 취직하여 그 회사의 홍보부에서 기업 제품을 알리는 여러 가지 홍보물을 만드는 일을 맡게 되었다. 그 일을 하면서 나는 홍보물을 만들기 위해서 글을 쓰는 일은 여러 가지로 쇼 비즈니스와 유사하다고 자위(自慰)하면서 나 자신을 합리화하였다. 내가 매우 슬픈 영화에 출연했다고 보면, 사실 암스트롱 타일회사에서 하던 일은 쇼 비즈니스와 닮았다고도 할 수 있다. 그러나 회사 일을 두 시간 정도만 하게 되면 나 자신이 지루해지고 싫증나는 것은 도저히 어떻게 해 볼 도리가 없었다. 예전에도 나는 이렇게 지루한 일을 해 본 적이 있었다. 대학 다닐 때 했던 쓰레기를 봉투에 담는 일, 접시를 닦는 일, 진공청소기 팩을 팔려고 이집 저집을 두드리던 일. 그러나 암스트롱에서의 일은 그 이상으로 고문 그 자체였다.

나의 지하 사무실 공간은, 대략 어느 집의 주차장 정도의 넓이였는데, 창문이 딱 하나, 그것도 어른 키 높이 정도에 있었다. 어느 날 나는 책상 위에 올라가서 창 밖을 보면서 한탄했다. '내가 언제나 이곳을 탈출해서 이 지긋지긋한 비닐 타일에 관한 글을 쓰지 않게 될까?' 그러나 그 대답은 의외로 바로 지척(咫尺)에 있었다.

어느 날 화장실을 다녀오는데, 나는 회사 동료인 톰 파체트와 제이 탈스가 자기네들이 쓴 코메디 대본을 가지고 다른 직원들과 깔깔대고 웃으면서 이야기하는 것을 보았다. (그런데 제이는 내가 전편에서 이야기 했던 그 여름의 링컨호텔에서 만난 바로 그 사람이었다. 그는 나의 추천으로 암스트롱 회사에 들어왔다.) 나는 본능적으로 그들의 개그 재질을 간파하였다. 내가 무엇을 하고 있는 거냐고 묻자, 그들은 회사 일이 지겨워서 농담을 하면서 시간을 보내고 있는 중이라고 말했다. 그들 역시도 이 암스트롱 회사의 분위기에 싫증나 있었던 것이다.

그것은 바로 동방박사의 출현만큼이나 내게는 반가운 일이었다. 그래서 우리들 세 명은 뒤도 돌아보지 않고 회사를 그만 두었다. 우리들은 조그마한 클럽에서 함께 일하면서 서로의 능력을 다듬어 나갔다. 채 6개월도 되지 않아서 우리들은 전국적으로 방영되는 TV 프로그램에 나갈 수 있게 되었고, 암스트롱 회사에서의 추억은 기억 속에서 멀어져 갔다. 그들과 함께 한 3년의 기간 속에서 나는 운명의 여신이 내려놓은 밧줄이 묘하게도 나를 TV 방송의 오락 프로그램으로 인도하였다는 사실을 깨닫게 되었다.

이 책을 집필하기 위해서 행한 많은 인터뷰들을 통하여, 나는 어떻게 그들 명사들이 우연히 다가온 기회를 포착하였는지에 관한 이야기 속에서 한 가지의 공통점을 발견하였다. 즉, 이들 유명인사들은 그냥 가만히 앉아서 무엇인가가 일어나기를 바라지 않았다는 사실이다. 그들은 언제나 기회에 목말라 하고 있었으며 항상 눈을 크게 뜨고 그 기회를 기다리고 있었다. 마침내 운명의 여신이 그들에게 손을 내밀었을 때, 그들은 즉시로 그 기회를 낚아챘고 그들의 열망하던 길을 달려갔던 것이다.

● ● ●

기회를 적시에 포착한 사람들 중의 대표적인 인물을 꼽으라면 나는 주저하지 않고 빌 브래튼을 꼽을 것이다. 빌 브래튼은 끊임없이 앞으로 나가려는 열망을 가지고, 새로운 상황들을 계속 예의주시하면서 살았다. 이런 그의 기질이 그를 보스턴의 말단 순경에서부터 경찰 총수가 되게 하고, 뉴욕 경찰국장을 역임하게 하고 이제는 LA

경찰 국장으로 끌어 올렸다는 말이다. 그는 이렇게 말했다.

"나는 도전을 좋아한다. 그래서 나는 단골식당이 별로 없다. 왜냐하면 그곳에서는 별다른 변화를 느낄 수 없기 때문이다. 나는 끊임없이 변화를 향해 움직인다."

브래튼 경찰국장에게는 매우 재미있는 과거가 있다. 그에게도 몇 번의 선택의 기회가 찾아 왔다고 한다. 그냥 그 자리에 앉아 있으면 편안하고 재정적으로도 안정이 되는 자리가 있었고, 새로운 기회를 선택하면 여러 가지 불확실한 것들이 앞을 가로 막고 있는 자리였다. 1993년에 보스턴 경찰서의 경찰국장의 자리에 있을 때였다. 보스턴에 계속 있을 경우 정년과 함께 1년의 추가 급여가 보장되는 안정된 자리였지만, 그는 뉴욕의 경찰 총책임을 맡을 기회가 왔을 때, 과감히 그 자리를 박차고 나왔다.

"내가 뉴욕으로 왔을 때 아무도 그것이 잘한 선택이라고 하지 않았다. 뉴욕의 치안 총책임자가 된다는 것이 얼마나 힘든 일이라는 것을 모르는 사람이 어디 있겠는가?"

그러나 그가 부임한 후로, 빌 브래튼은 최악이었던 뉴욕의 범죄 발생률을 획기적으로 떨어뜨리고 뉴욕의 치안상태를 180도 바꾸어 놓아, '밤중에 다녀도 안전한 도시'로 만들어 놓았다. 취임 2년을 마쳤을 때, 그는 당시 뉴욕 시장이었던 루디 줄리아니와의 불화로 인해서 더 이상 버티지 못하고 뉴욕 경찰 총수의 자리에서 물러나야만 했다. 곧바로 개인 경비업체로 옮겼으나 그것은 돈만 많이 받는 것이지 지루하기 짝이 없는 일이었다. 도저히 그의 도전정신과도 맞지 않았다. 그러던 차에 LA에서 치안 책임자를 초빙한다는 소식을 들었을 때, 그는 지체하지 않고 LA로 달려갔다.

"LA 경찰국장으로서의 임무는 전혀 새로운 자세를 요구했지. 과거의 경찰이 치안유지가 주 목적이었다면, 뉴욕에서 9/11 테러사건이 있은 후부터 경찰의 존재 이유는 '테러방지'가 되어 버린 거야. 언제 미국 경찰이 테러에 대항해서 행정을 펴거나 조직을 운용했던 적이 있었느냐는 말이지. 그것은 더 이상 과거에 익숙해져 있던 그런 비즈니스가 아니었어."

빌 브래튼의 '새로운 기회에의 도전'이라는 전략은 그에게 사상 유례가 없는 '미국 내 3개 대도시 치안 총책임자'라는 명예를 가져다주었다.

성공을 향한 그의 마음가짐은 분명하다.

"당신을 계속 채찍질할 수 있는 새로운 도전의 기회를 결코 거부하지 말라. 만약 자신에 대해 확고한 신념만 갖고 있다면, 당신은 어떠한 도전도 극복할 수 있다."

● ● ● ●

나는 매일 아침마다 외우는 주문(呪文)이 몇 개 있는데 그 중에 하나는, '나는 나의 경력을 쌓는데 매우 적극적이다'라는 것이다. 이 책에 소개되는 여러 명의 인터뷰 대상자 중 거의 대다수는 바로 이러한 성공연습을 반복해서 외우고 실행함으로써 그들의 목표를 이룬 사람들이다.

　프랭크 리치를 만난 날은 2월에서도 아주 추운 어느 날 오후였다. 그는 과거에는 드라마 작가 생활을 하였으며, 현재는 뉴욕 타임스의 칼럼니스트로 활동하고 있다. 평상시의 북적대던 날과는 달리 그날은 온 거리가 매우 조용했다. '뉴욕 시티의 일요일 오후… 도시는 낮잠을 잔다네~' 라는 노래를 흥얼거리면서 43번가를 가로질러서 그의 사무실로 향했다. 뉴욕타임스 사무실에는 아직도 근무하는 사람들이 많이 있었다. 그들은 나를 편집부가 있는 층으로 안내하더니 정적이 감도는, 마치 물방울 소리라도 들릴 정도로 조용한, 그의 코너 집무실로 안내해 주었다. 프랭크와 나는 서로 알고 지낸 지 몇 년 되었다. 그의 주변에는 항상 좋은 사람들이 넘쳐나고 있었다. 그로부터 소개받는 사람들에게서 나는 언제나 많은 감명을 받곤 했다.

　"나의 뉴욕에서의 첫번째 직업은, 지금은 이미 없어진 지 오래된 어느 잡지 편집인의 조수의 조수의 조수였지."

　그는 Assistant란 단어를 세 번씩이나 썼다.

　"그 잡지는 그 때 겨우 첫발을 내디딘 〈New Times〉라는 잡지였는데 편집인인 조지 허쉬는 대단한 야망을 품고 있었지. 자기가 타임이나 뉴스위크보다도 더 좋은 대안 잡지를 만들어 내겠다는 거였어. 나는 뉴욕 타임스에 관한 한 언제나 환상을 가지고 있었지. 왜냐하면 그 잡지를 너무나 사랑했기 때문이야. *허쉬펠드의 카툰은 언제나 내 마음을 사로잡곤 했지. 또 31면을 보면서는 '내가 오늘은 무엇을 해야 할까'를 생각했단 말이야. 그 때 내 나이? 겨우 12살이었다니까."

그는 말을 계속해 나갔다.

"그럴 즈음에 〈New Times〉에서는 영화 비평가를 모집하려고 했지. 아냐, 어떤 사람이 거의다 채용될 뻔 했어. 그 사람 데이비드 덴비라고, 아마 내 기억이 틀림없다면, 나중에 꽤 크게 된 사람이지. 그런데 그 사람은 급여조건이 서로 맞지 않았던 거야. 그 당시 뉴타임스는 그렇게 많은 돈을 주고 괜찮은 사람을 쓸 형편이 못 됐거든. 그 때 내가 손을 들었지. 내가 하겠다고 말이야. 그 때 내 연봉이 $10,000 이었는데, 원래의 내 일에다가 그 영화 비평 일을 더 떠 맡은 거야. 공짜로 말이지. 그래서 나는 뉴타임스의 매 호마다 영화 비평을 쓰는 일을 했지. 그런데 그게 바로 나의 앞길을 인도한 거야. 그렇게 한 2년쯤 지났을까? New York Post에서 내 비평을 보았던 거야. 그리고는 자기네 잡지사에서 영화 비평 일을 해 줄 수 없느냐고 제안이 온 거지."

Tips & tips

화선(畵線)의 왕, 또는 '선의 마술사'라고도 불리는 앨 허시펠드(Al Hirshfeld 1903~2003)는 살아생전 1만 여개가 넘는 삽화를 그렸다. 1920년부터 뉴욕 타임스에서 삽화가로서 본격적으로 그림을 시작하였다. 20세기에 대중예술을 이끌었던 세계의 유명인사들은 모두 그의 손을 통해서 다시 태어났다고 해도 과언이 아니다. 그중에는 루치아노 파바로티, 바바라 스트라이센드, 비틀즈, 마릴린 몬로, 루이 암스트롱 등 이루 헤아릴 수 없는 명사들의 캐리커처와, 미녀와 야수, 스타트렉 등 유명 영화의 삽화도 있다. 1996년에는 아카데미 수상작품 다큐멘터리 부분 후보에도 올랐다.

자기가 무료로 봉사하겠다고 한 일이 결국은 그를 New York Post의 영화평론가의 자리로 옮겨 주었다. 그곳에서의 경력이 또 다시 그를 타임지의 영화/TV 비평가로 영전시켜 주고, 결국에는 그를 뉴욕 타임스에 자리를 잡는 영광을 안겨주게 되는 것이다. 프랭크 리치는 우리들에게 이런 충고를 들려주고 싶다고 했다.

"당신이 만약 목표를 높게 잡았다면, 날마다 그 직업의 목표를 향해서 공격적인 자세를 추구하라. 당신을 그 주변에 놓이게 하고 항상 부지런히 주위를 살피면서 기회를 노려야 한다."

· · ·

다이안 본 펄스텐버그와의 인터뷰를 위하여 첼시에 있는 그녀의 사무실을 방문했는데, 우리가 마주한 곳은 사무실 한쪽 구석에 있는 작은 식탁이었다. 다이안은 그녀의 대명사처럼 되어 버린 Wrap Dress로 인하여 거의 30년 동안이나 정통 패션계를 주름잡았던 사람이다. 마주하고 있는 그녀를 짧게 표현하라면 '요염한 한 마리의 고양이가 베개 위에 앉아서 세상을 내려다보고 있는 자태' 라고나 할까?

"작은 기회라도 결코 놓치지 말라고 당신의 독자들에게 말해 주세요. 그 기회 중에서 어떤 것은 우리를 전혀 다른 세계로 인도해 줄지도 모르니까요."

젊은 시절에, 다이안의 친구 하나가, 인턴으로 일하는 조건으로 어느 공장에 그녀를 소개해 주었다. 그녀가 간절히 갈망하던 독립에의 열망을 채워 줄 수 있을 것이라는 생각에 그녀는 즉시로 그 제안을 수락했다. 그러나 사실 그 자리는 이미 수많은 사람들이 너무나도 하찮은 일이라고 여기면서 잠시 머물다가 떠난 자리였다. 그녀는 디자인과 생산에 관계된 일을 곁눈질로 유심히 살피면서, 자기가 맡은 그 하찮은 일에 몰두했다. 마침내 때가 왔다. 그녀가 남편과 함께 미국으로 건너오게 된 것이었다. 그리고는 자기가 이미 상당히 많은 것을 몸에 익혔으므로 이 신대륙에서 충분히 승산이 있다고 확신하였다.

"나는 말했어요. '자, 이제 샘플을 만들어 보자. 그리고 그것들이 이 미국시장에서 통하는지 지켜보자.' 라고 말이죠."

그녀는 나를 바라보면서 밝게 웃었다.

"대성공이었죠! 지금까지 살아오면서 제게 가장 큰 도움이 됐던 건 바로 그 공장에서의 인턴쉽 몇 년이었어요. 비록 그 때는 월급도 제대로 받지 못하면서 배웠지만, 그 때 그렇게 억척스럽게 어깨너머로 배운 것이 제게 가장 큰 자산이 될 줄이야…"

다이안의 성공은 사실 이태리 공장에서의 그 인턴과정이 없었다면 결코 이루어질 수 없었던 것이다. 나중에 그녀는 다시 한번 기회를 잡게 되는데, 그것은 그녀의 남편을 통하여 세계적으로 유명한 패션잡지인 〈보그〉의 편집장을 만나게 되면서이다. 〈Vogue〉의 편집장인 미스 브릴랜드는 그녀의 제품을 너무나 좋아했을 뿐 아니라, 그것들을 대대적으로 소개해 주기에 이르는 것이다. 그 덕분에

다이안의 제품은 세대를 뛰어 넘어서 모든 여성들이 입고 싶어하는 선망의 대상이 된 것이다.

● ● ● ●

또 다른 의류 디자이너인 조셉 아보우드 역시 다른 사람들이 가치 없다고 무시해 버린 기회를 잡아서 크게 성공한 사람으로 평가되고 있다. 그가 고급 브랜드 남성의류 전문 업체인 Louis of Boston에서 파트타이머로 일하고 있을 때의 일이다. 그 매장에는 오래된 경력을 가진 기라성(綺羅星)같은 영업사원들이 있었다. 그들은 단골손님들을 거의 다 꿰차고 있었기 때문에 신참내기에다가 인턴 사원인 조셉의 차지가 될 고객이 사실 별로 없었다. 어느 날 여성 고객 한 사람이 매장에 들어섰는데 점원들 모두가 그녀를 알아보는 것 같지 않았다. 게다가 그녀는 자기 남편의 옷인지, 헐렁한 드레스 셔츠를 입고 매장 내에서 마구 떠들어 댔기 때문에 고참 사원들은 그녀에게 별다른 관심을 보이지 않고 조셉에게 응대하라고 하였다. 그러나 조셉은 그녀를 Low-Level 고객으로 보지 않았다.

"나는 그녀에게 30여 가지의 드레스 셔츠와 넥타이를 세트로 팔았지요."

그는 그 당시를 회상하며 웃었다.

"옷을 한 아름 가득 안고 계산 카운터로 갔어요. 계산을 해 보니 무려 $2,000이나 되었던 겁니다. 그때가 1968년이었거든요. 요즘

돈으로 치면 아마 $15,000은 되고도 남을 거예요. 나는 나를 부러운 눈으로 쳐다보는 선배들의 시선을 뒤로하고 점장에게 보고하러 갔지요. 그 때 내게 가장 큰 힘이 되었던 것은 바로 이거였죠. '나도 할 수 있다!' 라는 자신감 말입니다."

그는 그 일로 인하여 Luis of Boston에서 유능한 점원으로 자리매김하게 된다. 또 그곳에서의 성공을 바탕으로 하여 랄프로렌으로 진출하는 계기가 되는 것이다.

· · · ·

당신이 아무리 많은 교육을 받았더라도, 이 사회의 냉혹한 바다에 뛰어들기로 결심을 한 이상은, 당신의 마음가짐을 낮게 갖고 가는 것이 매우 중요하다. 바로 그 밑바닥에 무한한 도약의 가능성이 있다는 사실을 깨달아야 한다.

린다 휴엣의 예를 들어보자. 그녀는 Weight Watchers International 회사의 CEO로 전 세계에 46,000명 이상의 직원을 총 지휘하는 경영인이다. 인터뷰 중에 그녀가 한 말이 흥미롭다.

"나는 언제나 밑바닥에서 출발할 준비가 되어 있었지요. 예전에 Hills & Son 이라는 런던의 가정용품 회사에서 말단 판매사원으로 근무할 때, 그 일이 너무나 즐거웠어요. 그곳에서 일해 보니까 조직의 밑바닥이 훤히 보이더라고요."

그녀에 따르면, 학교에서의 공부는 지식을 제공해 주지만, 말단 조직에서의 근무는 그 기업이 어떻게 돌아가는지, 제품이 어떻게 만들어지는지를 알게 해 준다는 것이다. 최고 경영자가 말단조직의 생리를 모르면 그 조직이 매끈하게 돌아갈 수 없다는 것이다. 그것은 마치 오케스트라의 지휘자가 개개의 연주자나 그 악기의 특성을 알아야만 오케스트라를 지휘할 수 있는 이치나 마찬가지라는 의미이다.

"나는 기회주의자다. 나에게는 '기회주의자(Opportunitist)' 라는 말이 전혀 부정적으로 들리지 않는다. 기회주의자란 기회의 가치를 인식하는 사람이고, 그 기회를 적절한 시기에 잡는 사람을 말하는 것이다."

-Diane Warren

"만약에 당신이 뒷전으로 물러나서 다른 사람들이 모든 일을 다 해버릴 때까지 기다린다면 기회는 결코 당신 차지가 될 수 없다. 당신 앞에 문이 있다. 당신은 그 문을 통과해야만 한다. 그런데 그 문이 닫혔다. 그러면 당신은 뒷문을 통해서라도 들어가야만 한다."

-Bobbi Brown

"나는 현실에 만족하는 사람이 아니다. 나는 하나의 성취를 바탕으로 성장하고 또 그 다음 단계로 옮겨갔다. 하나하나의 성취는 바로 그 다음의 기회로 연결되었다."

-Donald Trump

"나의 부모님은 불안함이나 실패의 두려움, 또는 당황하고 쩔쩔매는 모습을 절대로 우리들에게 보여주지 않으셨다. 대신 늘 그와 반대의 말씀을 하셨다. 그것은 '실제로 해 보았니?' 였다."

-Renee Zellweger

6

당신의 동기와 열정과 목표를 확인하라

　　성공에 있어서 중요한 한 가지는 '왜 당신이 성공하기를 원하는가?' 를 아는 것이다. 그것이 개인의 욕망의 충족이건, 종교적인 사명이건, 당신의 삶의 질을 개선하는 문제이건, 또는 단순히 살아남기 위한 수단이건 간에, 가장 기본적인 질문은 '무엇을 위해서 일하는가?' 이다.

　　성공한 사람들의 야망은 매우 강력하다. 그러나 그것은 결코 맹목적인 것이 아니다. 내가 인터뷰한 많은 사람들이 한결같이 자신들이 그렇게 목숨을 바쳐가면서까지 열심히 일하는 데에 대한 명백한 이유를 갖고 있었다. 어떤 사람들은 자신을 둘러싸고 있는 외부적인 환경을 변화시키려는 목적을 갖고 있었다. 다른 사람들은 보다 더 개인적인 목적을 갖고 있기도 했다. 어찌되었든 간에, 목적에 대한 명확한 인식이 그들의 열정에 불을 당겨주었다는 사실만큼은 부정할 수 없다. 당신은 무엇을 위해 일하는가?

불과 열다섯 살의 나이에 〈Student〉라는 잡지를 창간하여 반항문화의 기치를 높이 든 리차드 브랜슨 경의 눈에는 분명한 혁명의 번뜩임이 있었다. 런던 남부 출신의 억만장자인 그는 TV에 출연해서, 자기에게는 이 세상의 환경을 변화시켜야 하는 사명이 있다고 공언했다. 그는 2006년에 무려 3조원의 돈을 환경재단에 기부하였다. 그는 이 돈이 지구온난화 문제 해결에 쓰이기를 원하며, 그로 인하여 다음 세대가 쾌적한 지구환경에서 생활하기를 희망한다고 말했다.

"열다섯 살에 내가 학교를 그만두려고 결심했을 때, 나는 사실 내가 장래에 큰 기업가가 되어야 하겠다는 생각은 해 보지도 않았고 또 별로 관심도 없었지요. 단지 나는 잡지를 만들어 보고 싶었고, 그 잡지가 나의 주변을 변화시키는데 조그마한 도움이라도 됐으면 하는 소박한 꿈밖에 없었어요. 나는 이 세상에 참 보기 싫은 것들이 많이 있다는 사실을 깨달았죠. 학교에서 우리들을 가르치는 교습 방법도 마음에 들지 않았죠. 교사들이 학교를 점령해서는 우리들의 시간을 빼앗고, 그리고는 지루하게 시간을 죽이고 있을 뿐이라는 부정적인 생각으로 가득 찼었어요. 배울 것이 별로 없다는 생각도 했지요. 나는 뭔가 좀 다른 것을 원했어요. 그렇지만 편집자가 되기 위해서는, 먼저 기업가가 되어야만 했던 것입니다."

그는 확신에 찬 태도로 주먹을 움켜쥐면서 말했다.

"그 이후로는 나는 반드시 있어야 할 것들을 있게 만들려고 노력했죠, 내 말 아시겠어요? 현상유지는 싫었다는 말씀입니다. 내가 항공사를 설립한 것도 바로 그런 이유에서였죠. 22년 전에는 항공사의 서비스라는 게 아주 형편 없었어요. 그래서 항공사를 세운 거죠. 바로 내가 타고 싶어하는 비행기, 받고 싶어하는 서비스를 제공하는 그런 항공사 말입니다."

베스트셀러 작가이면서 심장병 전문의인 메멧 오즈박사는 약간 색다른 사명감을 갖고 있었다. 나는 이 카리스마가 넘치며 세계에서 가장 권위있는 심장병 전문의를 어느 날 아침 그의 병원 집무실에서 만났다. 그는 뉴욕에 있는 뉴욕 장로교 콜롬비아대학 부속병원의 심장병동에서 일년에 무려 400명의 심장병 환자들을 수술한다. 한편으로는 수백 권이나 되는 책도 쓰고(우리나라에서 베스트셀러가 된 책 '내 몸 사용 설명서'의 공동 저자이기도 하다. -옮긴이), 타임지나 뉴스위크지에도 기고하며, 또 이따금씩 오프라 윈프리 쇼나 굿모닝 아메리카 같은 대형 쇼에도 출연하곤 한다.

오즈박사는 이런 일을 자신의 명예나 부를 위하여 하지는 않는다. 결국은 하나님께서 이런 재능을 그에게 주셨지만, 그의 진짜 목적은 미국인들에게, 세계 시민들도 모두 포함하여, 각자 자신의 몸을 어떻게 돌보아야 하는지를 깨우쳐주려는 데 있다는 것이다.

"나는 한 사람 한 사람을 최선을 다해서 상대하고 그들에게 삶의 소중함을 깨닫게 해 주고자 합니다. 수술이 성공적으로 끝나고 그들이 나를 알아볼 때, 그 때는 마치 내 자신이 '유레카!' 하고 소리치고 싶은 심정이죠. 그렇게 해서 오늘날까지 살아 왔습니다. 생각해 보세요. 일년에 400명씩 25년이면 무려 10,000명입니다. 내가 1만 명을 살렸다고요. 더군다나 그들의 삶을 긍정적으로 변화시키면서요! 내가 〈Oprah Winfrey Show〉 같은 데 나가는 것도 실상은 내 자신이 유명해지기 위해서가 아니에요. 오프라 쇼에 한 번 나가면 7백만 명에서 8백만 명의 시청자들이 나를 주목하는 겁니다. 나는 그 기회를 이용해서 그들에게 삶의 가치를 다시 한번 깨우쳐 주고 싶은 겁니다. 이것이 나의 삶의 목표랍니다."

● ● ● ●

브룩 쉴즈는 자신의 성공에 매우 목말라 하는 여성이었다.

내가 그녀를 알고 지낸 것은 그녀가 겨우 열한 살이었던 때부터였다. 어린시절부터 그녀는 매우 총명하고 아름다웠으며 연기에 뛰어난 재능을 보였다.

나는 그녀를 뮤지컬 〈시카고〉의 낮 공연과 저녁 공연 사이 시간에 무대 뒤편에서 만났는데, 그 당시 내가 본 그녀의 미모는 정말로 '눈부시다'는 표현이 제일 적절했다. 그때 그녀는 록시 하트의 역을 맡았다. 브룩 쉴즈는 아역 모델에서부터 영화배우로, TV 스타로, 그리고 브로드웨이의 뮤지컬 배우로 끊임없이 자신을 변화시켜 나갔다. 오래된 명성에도 불구하고, 그녀는 지금도 계속하여 '더 큰 성공'을 위하여 꾸준히 노력하고 있다.

"저에게는 믿을 수 없을 만큼 강인한 충동이 있어요."

그녀는 말했다.

"나는 완벽주의자가 되기를 원해요. 나의 야망이란 바로 그 완벽주의에서 오는 것이지요. 다음 공연 일정이 앞으로 며칠이 남았건 간에 나는 끊임없이 연습하고 또 연습합니다. 최후의 공연 때까지 말이에요. 그래서 나의 야망과 성공에의 충동은 항상 같이 병행되어서 서로 조화를 이루며 나아가죠. 자꾸 자꾸 더 좋은 미래를 위해서요. 내가 어렸을 때는 사람들로부터 사랑받기를 원했죠. 항상 감사하다는 말과 부탁한다는 말을 잊지 않았죠. 어느 때나 약속 시간보다 먼저 와 있었고, 내 자신에 충실하려고 노력했어요. 그러한 성격이 나를 변화시킨 것 같아요. 나는 자신이 다른 어느 사람보다 더 경쟁력이 있어야 된다고 늘 다짐하곤 했어요. 그래서 언제나 거울 속의 나를 보면서 '아직은 완벽하지 않아. 너는 더 잘할 수 있어' 라고 중얼거리곤 하였죠."

• • •

자기 자신의 재능을 스스로 계발해 내는 능력이야말로 당신이 인생을 출발하는 시점에서 매우 큰 힘이 된다. 자신의 의지로 두 발을 딛고 굳게 설 수 있을 때, 당신은 위로 힘차게 뻗어 나갈 수 있는 나무가 될 수 있는 것이다.

르네 젤위거가 18살이 되었을 때에 자신이 세운 목표는 '나 자신을 스스로 돌본다' 는 것이었다. 그녀는 나중에 인터뷰 때 이런 말을 했다.

"내가 이 목표를 세우자마자, 나는 모든 일이 순조롭게 풀려 나간다는 느낌을 받았죠. 그 때부터 비로소 나는 나 자신을 스스로 돌볼 수 있게 된 겁니다."

그녀가 우리에게 주는 메시지는 아주 강렬하다.

"독립하려는 마음가짐과 자기 스스로를 만족시키려는 열망을 가져라. 그러면 모든 것이 가능해 질 것이다."

나치의 홀로코스트에서 살아남은 유태인의 딸로 태어난 다이안 본 펄스텐버그는 인간 존엄성에 관해 끊임없이 강조하시는 어머니의 영향을 크게 받았다.

"내가 독립하려고 한다는 사실, 내 인생에 무언가를 이룩해 보고 싶다는 야망, 그것들이야말로 내 성공의 발판이었어요. 그 중에서도 '자유' 가 가장 큰 성공의 동인(動因)이었다고 봐야죠."

● ● ● ●

돈을 버는 것이 중요한가? 여기에 몇 명의 명사들의 이야기를 들어보자.

"어느 누구도 돈을 벌 목적으로 직업을 선택해서는 안 된다. 삶이란 그 사람이 얼마나 많은 돈을 가졌느냐에 의해 평가되는 것이 아니다. 그것은 당신이 얼마나 만족하는가, 얼마나 자신의 감정에 충실한가의 문제이며, 돈은 당신에게 만족을 가져다주지 못한다. 당신은 어떤 일을 해서 돈을 벌 수도 있고, 또는 다른 일을 해서 돈을 벌지 못할 수도 있다. 삶을 영위하는 데는 물론 돈이 필요하고 또 가족을 부양하는 데도 돈이 필요하다. 그러나 당신에게 제일 중요한 것은 그 일을 통해서 얻게 되는 만족감이다."

—Bob Pittman

"예, 물론이지요. 내 말은 당신이 만약 독립을 원한다면 돈이 절대적으로 필요하다는 말이지요. 당신이 재정적으로 독립적이지 못하는 한, 당신은 결코 독립할 수 없습니다. 그렇다고 해서, 내가 돈에 탐욕적인 사람은 아니에요."

—Diane von Furstenberg

"나는 지금껏 돈 때문에 무슨 일을 한 적은 없었다. 돈 때문에 어떤 일을 해야 한다는 충동을 받는다면, 그것은 아주 나쁜 충동이거나 그릇된 동기일 것이다."

—Zeff Zucker

"내가 만든 노래들은 내게 엄청나게 많은 돈을 가져다 주었어요. 그러나 돈은 결코 나의 일에 동기가 된 적이 없었답니다.
벌써 지금으로부터 20년쯤 전에, 내겐 평생 손 하나 까딱하지
않고도 먹고 살 수 있을 만큼의 충분한 돈이 모였죠. 그렇지만
나는 사실 돈 같은 것은 전혀 신경을 쓰지 않았답니다. 오늘도
열심히 일하고 있으니까요.”

-Diane Warren

“얼마만큼의 돈을 모은 후에야, 당신은 당신 마음 속에 꿈꾸
어 오던 일을 할 수 있다.”

-Jim Cramer

“당신이 지불해야 할 것들에 대해서 절대 걱정하지 마세요.
만약 직업과 기회가 당신의 편에 서 있다면, 돈은 절로 따라오
게 돼 있으니까요. 이러한 신념은 나를 한 번도 실망시킨 적이
없습니다. 나는 지금껏 돈을 위해서 직장을 구한 적은 없습니
다. 나는 계속 배울 수 있는 기회가 있는가, 더 많이 봉사할 수
있는 기회가 있는가, 그리고 내 자신을 계속 성장시킬 수 있는
기회가 있는가의 여부에 따라서만 직장을 찾아 다녔으니까요.”

-Bill Boggs

“돈을 번다는 것은 절대 목표가 될 수 없다. 그것은 우리가
이 지구상에 존재하기 위한 목적이 아니다. 사람들이 돈을 추

구하는 것은 그렇게 함으로써 우리들이 창조한 것이 존재할 수
있기 때문이다."

– Sir Richard Branson

필라델피아 이글스의 미식축구 감독인 제프 루리에는 9살 때 그
의 아버지를 여의었다. 그의 어머니는 제프를 포함하여 형과 여동
생 이렇게 세 명을 혼자서 다 키워냈다. 지금 자신의 삶을 돌이켜
보면, 그의 성공은 순전히 사랑하는 어머니를 기쁘시게 해 드리려
는 일념에서 비롯되었다고 할 수 있다.

"나는 어떤 의미에서는 나의 어머니가 옳았다고 사람들에게 입증
해 보이고 싶었어요. 어머니는 내가 아홉 살 때부터 우리 형제들의
어머니 역할은 물론 아버지의 역할까지도 모두 해 내야 했지요. 게
다가 나의 형은 자폐증(自閉症)을 갖고 있었어요. 그 당시 우리 주변
사람들은 성공한 사람이라고 하면 흔히들 의사, 변호사, 사업가를
꼽았죠. 그렇지만 나는 우리 어머니야말로 성공한 사람으로 평가
받아야 한다고 늘 주장했었지요. 그리고 우리 어머니가 얼마나 훌
륭한 사람인가를 다른 사람들에게 내보이고 싶었어요. 그래서 나
자신이 더욱 더 열심히 할 수밖에 없었지요."

제프 루리에의 이러한 주장에 100% 동의한다. 사실은 나도 어머
니로부터 많은 동기부여를 받으면서 자라왔기 때문이다.

'자신을 성공으로 이끄는 힘'에 대한 표현 중, 아마도 르네 젤위거가 한 다음의 말이 가장 실감나는 표현이 아닌가 싶다.

"성취감의 일정부분은, 어떤 의미에서는, 훨씬 어려울 것이라고 예상했던 일을 자신이 도전해서 일궈냈을 때 느끼는 만족감이죠. 내가 나 자신을 좀더 긍정적인 방향으로 개선할 수 있다는 데서 나오는 행복감 같은 것 말이에요. 많은 사람들은 나의 이런 감정을 이기주의적이라고 말한답니다. 마치 내가 차지하고 난 찌꺼기를 자기네들이 갖는다는 생각으로 말이에요. 물론 어떤 의미에서는 그렇다고 볼 수도 있지요. 그렇지만 저는 성취감이라는 단어를 그렇게 생각하지 않아요. 그것은 마치 내가 글을 쓸 때, 어떤 장면을 표현하려고 하는데 적당한 말이 떠오르지 않아 고민하고 있을 때, 막 적절한 표현이 떠올라서 그 문장을 완성하면서 느끼는, 바로 그런 희열 같은 감정이죠."

End Notes

"항상 더 큰 것을 위해 내 마음 속이 요동치고 있다. 그것이 목표이건 또는 무엇이건 간에. 나를 언제나 흥분하게 하는 그 무엇은, 바로 나는 언제나 인생을 즐긴다는 것, 나의 가족을 사랑한다는 것, 그리고 나의 일을 사랑한다는 사실이다."

– Donald Trumph

"나의 역할과 열정은 여성들에게 자신감을 심어주는 것이고 여성들을 매력적으로 보이게 만드는 것이다. 그리고 나는 그 방법을 알고 있다."

– Diane von Furstenberg

"나는 나 자신을 다른 사람들과 차별화시키려는 야망이 있다. 바로 그런 야망이 나를 언제나 이끌어 가고 있다."

– Linda Huett

"나는 매우 많은 여성들에게 자신들이 좀더 예뻐진다는 것이 얼마나 쉬운지를 깨닫게 해주는 데 도움을 주며, 내가 그렇게 할 수 있다는 사실을 큰 기쁨으로 여기면서 살아가고 있다. 그래서 나는 사람들을 예쁘고 매력적으로 만들기 위해서 꾸준히 교육시키고 있다."

– Frederic Fekkai

"나와 함께 일해 본 사람은 누구든지 야망을 갖게 된다. 좀더 많은 사람을 살리려는 야망 말이다. 그렇지만 우리는 그 야망을, 인간을 더 깊이 사랑하고 존경하는 쪽으로 계속 갈고 닦아 나가야만 한다."

– Dr. Mehmet Oz

7

자신감을 개발하라

"어린 시절에 내게 핵심가치를 주입시킨 분은 바로 나의 어머니이다. 어머니는 내게 끊임없이 말씀하시곤 했다.

"너는 네가 원하는 것에 마음을 집중시키기만 하면 반드시 그것을 이룰 수 있단다."

바로 그 메시지는 내 삶의 일부분이 되었다. 어머니는 나에게 나 자신을 신뢰하는 방법을 가르쳐 주셨다. 그래서 나는 내 자신을 신뢰하는 방법, 내 자신을 존경하는 방법을 터득해 나갈 수 있었다. 그것에는 어떤 공식이 있을 수 없다. 왜냐하면 그것은 아주 개인적인 일이기 때문이다. 나의 경우는 매우 다양한 방법으로 자신감을 키워 나갔다. TV 방송에서의 경력에 관해 이야기하라면, 나는 처음에 내가 과연 다른 경험 많은 사람들과 경쟁을 할 수가 있을까 하는 의구심을 가진 적이 있었다. 그러나 그런 의구심은 '아, 내겐 대중 앞에서 연설할 수 있는 재능이 있지'라는 긍정적인 생각을 갖는 순간 사라져 버렸다.

이 책에 등장하는 많은 사람들이 한결같이 성공의 첫걸음으로 내적인 자신감(Self-confidence) 또는 자존감(Self-esteem)을 가져야 한다고 강조하는 이유도 바로 여기에 있다. 당신은 자신이 얼마나 큰 힘을 가졌는가를 깨닫는 바로 그 순간부터, 엄청나게 큰 힘을 가진 사람이 된다. 당신이 만약 이 책에서 하나도 건져가는 것이 없다고 하더라도, 이 핵심구절만큼은 꼭 잊어버리지 말고 가슴 속에 새기기를 바란다. 왜냐하면, 그 교훈은 앞으로 당신의 삶에서 이루 말할 수 없이 많은 만족감을 가져다 줄 것이기 때문이다.

* * *

자기 자신을 신뢰하는 대표적인 사람이 바로 빌 오릴리이다. 그를 만나면 그에게서 뿜어져 나오는 '확신' 같은 강한 그 무엇을 느낄 수가 있다.

"나는 한번도 내가 맡은 일을 잘 해낼 수 있다는 나의 자신감에 대해서 의심해 본 적이 없다. 내가 대학 운동부에 있을 때에도 나의 선배들이 내게 무엇을 시킬 때면, '예… 한 번 해 보죠.' 이렇게 대답한 적이 없었다. 언제나 나는 확신에 찬 어조로 이렇게 말했다. '네, 알겠습니다. 제가 확실하게 뭔가를 보여 드리죠!' 이것은 바로 자기 자신이 과거에 이룩한 일에서부터 나오는 자신에 대한 굳은 믿음이다. 그리고 세월이 지나가게 되면 당신의 그런 경험들은 자꾸 쌓일 것이고, 그럴수록 당신은 점점 더 자신 있는 사람이 되어

갈 것이다. 결국에는 그런 경험, 또는 성취의 축적이 당신을 점점 더 강한 사람으로 만들어 나갈 것이다."

당신에게는 과거의 어떤 경험이 당신 자신을 신뢰하게 만들고 당신을 성공으로 이끌어 주었는가?

바로 위에 언급한 말과 그대로 일치하는 케이스를 우리는 뉴욕 양키스의 조 토레에게서 찾아 볼 수 있다. 그는 우리에게 솔직하게 고백한다. 그의 말을 들어보자.

"사실 나도 처음에는 지금 내가 갖고 있는 것 같은 자신감이 없었다. 자신감이란 자기 자신이 과거에 이룩한 업적으로부터 나오기 때문이다. 내 생각에는, 당신이 만약 어떤 일을 성취하였다면, 사람들은 갑자기 당신의 성공담을 듣기 위해 당신에게 몰려든다. 그 이유는 그 성취가 바로 육상에서 트랙 레코드를 세운 것과 마찬가지이기 때문이다."

그가 뉴욕 양키스의 신화를 만들기 전에, 그도 역시 무수히 많은 실패를 거듭했다. 그는 1981년에 뉴욕 메츠 팀으로부터 실적 부진을 이유로 해고당했는데, 메츠 팀은 그가 처음으로 사령탑을 맡은 팀이었다. 그 이후에는 브레이브스 팀으로부터 역시 같은 이유로 1982년에 해고당했고, 카디널 팀으로부터도 1995년에 해고된 쓰라린 경험이 있었다. 1996년에 조는 뉴욕 양키스의 최고 경영진과 면담할 기회가 있었다. 그 면담 며칠 전 -그가 기억하기를 그날이 그의 인생에서 가장 중요한 날이었다고 했다. -그는 우연히 댈러스 카우보이 미식축구 팀의 전 코치였던 빌 파슬스가 쓴 코칭 기법에 관한 책을 읽게 되었다. 거기에는 '네가 지금 하고 있는 일에 전적으로 매달려라' 라는 구절이 있었다. 전에도 그는 빌이 쓴 그 책을 틈 날 때마다 읽었지만 그냥 건성으로만 읽었다. 그런데 그날은 마치 망치로 머리를 얻어맞는 듯한 강한 충격을 받았다.

"내게 빛이 번쩍하는 것 같았어. 사실 나는 세 팀을 감독했고 그 세 팀으로부터 실적이 나쁘다고 해고됐거든. 그 책에는 이렇게 쓰여 있더군. '당신은 선수들의 감독이다. 당신은 선수들이 잘 싸우게 하기 위해서 존재하고 있는 것이다. 당신에게 있어서 이기는 것은 선한 것이고 지는 것은 악한 것이다. 그러나 경기란 이길 수도 있고 질 수도 있다. 문제는 패배한 나쁜 기억을 얼마만큼 빨리 당신의 기억 속에서 지워버리느냐 하는 것이다.' 그건 정말 대단한 발견이었지."

그는 구단주와의 인터뷰에 적극적으로 임했다. 그래서 뉴욕 양키스의 감독이 되었다. 그리고는 뉴욕 양키스를 월드시리즈에서 3년 연속으로 우승하게 만드는 쾌거(快擧)를 이룩하였다.

내가 다이안 워렌을 만났을 때, 그녀에게 나는 나의 자신감을 높이기 위해서 몇 가지의 다짐들을 암송한다고 하자, 자기는 '내부의 승리자(Inner Winner)'라고 부르는 것에 크게 의지한다고 말했다. 아마도 이 책의 독자들 중에는 다이안 워렌이 누구인지 잘 모르는 사람도 많이 있을 것이다. 그러나 나는 당신이 최소한 그녀의 노래 몇 편 정도는 귀에 익숙하도록 들었을 것이라고 확신한다. 그녀가 작사 작곡한 노래 중에 유명한 곡으로는 〈Because You Love Me〉, 〈If I Could Turn Back Time〉, 〈You Were Loved〉, 〈I Don't Want Miss a Thing〉, 〈How Do I Live〉 등이 있다. 다이안은 특히 발라드 풍의 노래를 만들었는데 그녀가 작사 작곡한 노래 중에서 무려 100곡이 넘는 노래들이 빌보드차트에 수록되기도 했다. 그뿐이 아니다. 그녀의 노래들은 90개의 유명한 영화에 주제가가 되었거나 삽입곡이 되었고, 네 번의 골든 그로브 상, 9번의 그래미상을 수상하기도 했다. 현재 그녀의 이름은 그녀가 음악계에 공헌한 업적을 기리려는 뜻에서 할리우드 명예의 전당에 새겨져 있다.

다이안과 나는 할리우드에 있는 그녀의 사무실에서 만났는데, 사무실 벽은 온통 골드 레코드들로 장식되어 있었다. 다이안은 주로 피아노에 의지해서 작곡을 한다고 했는데, 그녀의 모습을 보는 순간 나도 모르게, 청바지를 입고 수수한 옷차림에 전기기타를 치면서 노래에 열중하는 그녀의 모습이 떠올랐다. 레코드사에서 매번 그녀가 가지고 간 노래들을 퇴짜 놓았을 때, 그녀는 이렇게 말하면서 돌아 나왔다고 한다.

"언젠가 당신들은 분명 후회할 날이 올 거야, 두고 보라고. 나는 이 세대에서 제일가는 음악가가 될 테니까!"

열네 살 적의 어린 나이부터 그녀는 음악가의 꿈을 아주 열렬하게 꾸고 있었다. 그녀가 음악계에서 주목을 받기 위해 기울인 노력은 그야말로 음악계의 전설이 되었다. 아무리 많은 프로듀서들이 그녀의 면전에서 문을 거세게 닫을지라도, 그녀는 계속 문을 두드려 댔다. 그녀는 떠나려는 차를 따라가며 간절히 매달렸다. 제발 자기의 음악을 녹음해 달라고.

"나 역시도 그런 때가 있었지요. '네까짓 것은 아무것도 아니야'라고 무시당하던 때 말입니다. 그럴 때면 나는 내 마음 속에 있는 '내부의 승리자'를 부르곤 했죠. 그것이 바로 나를 버티게 해 준 힘이었어요. 그것이 나를 이끄는 '밝은 빛'이었던 겁니다."

* * *

내가 필라델피아에 있는 작은 지방 방송사의 보조 프로듀서로 있었을 때의 이야기이다. 그 당시 나의 일 중 가장 많은 비중을 차지하는 일은 매일 50개 내지 60개의 테이프를 들으면서 그중 쓸만한 것을 골라내는 작업이었다. 그것들은 모두가 방송에 내보내주기를 희망하여 시청자들이 보낸 것이었는데, 그 일을 하는 내내 나는 자 자신에게 이렇게 중얼거렸다.

"이런 것은 나도 만들 수 있어. 내가 갖고 있지 않은 능력은 그들도 모두 갖고 있지 않거든."

그러면서 나는 내가 만들면 그들보다 오히려 더 잘 만들 수 있을 거라고 내 자신의 능력을 반복해서 확인하곤 하였다.

이런 경우는 〈Today Show〉의 진행자인 매트 라우어에게도 마찬가지였다. 그 역시도 마음 속 깊은 곳에는 TV에 호스트로 나오는 사람들과 비교해서 자기가 뒤질 것이 하나도 없다는 생각을 간직해 왔던 것이다.

"나는 학생 때부터 일을 하면서 학교를 다녔어요."

그는 말했다.

"나는 일을 하면서 내 마음속에 나의 장래의 모델로서 미남 흑인 앵커인 브라이언트 검버나, 테드 코펠(ABC 방송의 심야 뉴스 '나이트라인'의 진행자 —옮긴이)과 같은 사람을 존경하면서 그들과 같이 되는 꿈을 꾸며 살아 왔거든요. 그들을 연구하면 할수록, 내 자신에도 상당히 많은 부분이 그들의 성격이나 행동과 비슷한 면이 있다는 것을 깨달았지요."

그는 확신에 차서 다음과 같은 결론으로 인터뷰를 맺었다.

"당신이 특별한 열망이 있다면, 그쪽 분야에서 성공한 사람들을 찾으라. 그리고 그들이 어떻게 행동하는지를 유심히 관찰하라. 그들에게서 당신과 유사한 점을 찾을 수가 있는가? 그들을 흉내 내라. 꾸준히 닮아가다 보면 언젠가는 성공한다!"

End Notes

"'자기신뢰'라는 말은 '야망적'이라는 말보다 훨씬 더 부드럽게 다가온다. 당신에게 확실한 신념만 있다면, 당신에게는 어떠한 도전도 가능하다."

– Bill Bratton

"나의 어머니는 나에게 믿지 못할 만큼 엄청난 선물을 주셨다. 그것은 보통의 어머니처럼 무한정한 사랑을 말하는 것이 아니다. 나의 어머니는 내가 마음만 먹으면 무엇이든지 할 수 있다는 자신감을 심어 주셨다.

– Christie Hefner

"나에게 가장 영향을 많이 끼친 사람은 바로 나 자신이다. 나는 나 자신과의 관계가 아주 깊다. 나에게 있어서 가장 친한 친구는 바로 나다. 나는 나를 사랑하고 신뢰한다. 나는 때때로 나 자신의 잘못도 발견한다. 그렇지만 그것을 비난하거나 책망하지 않고, 그 실수 자체도 즐긴다. 왜? 내가 했으니까. 그래서 나는 혼자 있을 때가 제일 즐겁다."

– Diane von Furstenberg

"나는 할 수 없다고 생각하는 것들을 내 머리 속에 집어넣어 본 적이 없다. 나는 외과의사가 될 수 없다. 나는 미국의 대통령이 될 수 없다. 그래서 나는 한번도 '내가 할 수 없다'고 생각하는 것들은 내 마음 속에 각인시켜 본 적이 없다. 왜 무리한 꿈을 꾸어서 내 마음을 황폐화 시키는가?"

– Linda Huett

이기려는 의지를 강화하라

성공을 향하여 나아가는 데에는 많은 것들이 필요하다. 그러나 무엇보다도 성공은 우리에게 확고한 의지와 끈기를 요구한다. 인터뷰를 진행하는 내내 나는 인터뷰 대상의 유명인사들에게 무엇이 그들로 하여금, 소위 내가 말하는 '감성적 인내심'를 강화시키는 계기가 되었는지를 물었다. 흥미롭게도, 그들은 내가 말하는 바를 금방 알아 차렸다. 왜냐하면 그들의 마음 속에는 언제나, 어떠한 환경이나 역경에 처하더라도 결코 좌절하지 않고 그 고난을 이겨 나가게 하는, 자신만의 '내부적 해결사' 가 자리 잡고 있었기 때문이다.

• • •

"그것은 강인한 정신력을 요구하지요."
CNBC-TV의 마리아 바르티로모는 말했다.
"당신은 정신적으로 강해져야만 합니다. 무언가 달성하려고 마음

먹은 것이 있다면, 모든 정신을 그 결승점에 집중해야만 합니다. 당신은 그것을 '감성적 인내심'이라고 부르는군요. 나는 그것을 '강인한 정신력'이라고 하지요."

바로 그 강인한 정신력이 남자들만의 세계였던 미국 증권거래소에 처음으로 카메라를 들고 들어가서 주식거래 상황을 생방송 하도록 만들었던 원동력인 것이다.

"나에게도 후퇴가 있었지요."

그녀는 솔직히 시인했다.

"다행히도 거래소의 소장인 딕 그라소를 만날 수 있었지요. 그 사람이 나를 그곳에서 방송해도 좋다고 허락한 바로 그 장본인이지요. 그렇지만 처음에는 바로 그 사람이 내게 말도 못하는 상처를 주었답니다. 그는 내가 그곳에서 거래상황을 생중계한다는 나의 아이디어를 아주 못마땅해 했어요. 어느 날인가 그가 나를 돌아다보더니 이렇게 소리 지르더군요. '당장 썩 꺼져 버려! 여자가 뭘 안다고. 절대로 우리 거래소의 실황을 생중계할 수는 없어!' 그 순간, 정말 저는 큰 쇼크를 먹었지요. 그렇지만 아주 침착하게 말했어요. '그런 식으로 내게 말하지 마세요!' 그날은 그냥 돌아 올 수밖에 없었지요. 그렇지만 그 후에도 가고 또 찾아 갔답니다. 그러는 와중에도 엄청나게 공부를 했지요. 그가 나를 무시하는 것이 '내가 여자이기 때문에 주식시장에 대해서 문외한일 것이다.'라는 선입견이라고 생각했지요. 그래서 마침내는 그 현장방송을 했지요. 그들 이상으로 완벽한 전문용어를 써가며 한번 방송을 마치자, 그 다음부터는 내게 시비 거는 사람이 없더군요.”

그녀는 한마디로 핵심을 요약했다.

“내게 있어서 ‘정력 또는 끈기’란 끊임없이 반복해서 쳐들어가고 또 쳐들어가는 겁니다. 어떤 소리를 듣건 무슨 모욕을 당하건 상관하지 않고요.”

● ● ● ●

마리아 바르티로모가 ‘강인한 정신력’이라고 부르는 것을, 조셉 아보우드는 ‘산을 옮기는 믿음’이라는 말로 불렀다.

“내 생각에는 성공한 사람들을 그렇지 못한 사람들과 구분 짓는 것은 눈에 보이지 않는 그 어떤 무형의 자산이다. 성공한 사람들 어느 누구에게라도 물어보라. 삶은 그렇게 환상적이지만도 않다. 고통의 연속이다. 장애물도 많다. 그것은 일종의 전쟁이다. 이렇게 말하는 날보고 사람들은 ‘강박증에 걸린 사람’이라고 말할 것이다.”

우리가 만나던 날은 마침 조셉이 남성 패션을 위한 TV 쇼를 준비 중에 있는 때였다. 당연히 그의 모든 에너지는 그 일에 몰입(沒入)해 있었다.

“나는 그것이야말로 당신에 대한 진정한 테스트라고 믿는다. 당신이 얼마까지 갈 수 있느냐 하는 지구력 말이다. 내게는 그것이 옳다고 믿으면 그것을 향해 끝까지 가는 그런 정신력이 있다. 이번

TV Show 만 하더라도, 그것은 너무나도 현실감이 있다. 또 그것은 내가 아니고서는 아무도 채울 수 없는 빈공간이기도 하다. 그런데 왜 나여야 하느냐고? 왜냐하면 그것을 생각해 낸 사람이 바로 나니까. 아마도 나는 거기까지 도달하지 못할지도 모른다. 그렇지만 왜 노력해 보지 않는가? 때때로 그것은 당신에게 있어서 일종의 고문일 수도 있다. 내 얘기는 그것을 추구하기 위해서는 많은 일을 해야 한다는 것이다. 그렇지만 동시에, 만약 그것이 없었더라면, 나는 지금의 여기까지, 이렇게 멀리까지 오지 못했을 것이다."

조셉 아보우드는 그의 말을 한마디로 요약해 달라는 내 부탁에 다음과 같은 말을 들려주었다.

"계속 노력하라. 절대 포기하지 마라!"

● ● ●

작사·작곡가인 다이안 워렌의 경우는 바로 이 '절대로 포기하지 말라'는 주제의 가장 좋은 모범이라고 할 수 있다. 그녀가 처음 이 일을 시작할 때, 다이안은 프로듀서들을 끈질기게 쫓아다녔고, 그들이 무대 위에 있으면 무대 위로, 차 안에 있으면 차 안으로 그녀의 테이프를 집어 던졌다. 그녀의 음악에 대한 열정이 불이 붙기 시작한 건 아주 어릴 때였다. 열네 살 때 그녀는 아버지를 설득해서 빌보드 매거진을 정기구독하기에 이른다. 그녀는 그 잡지를 읽고 또 읽어서 누가 영향력 있는 작곡가이며 음악평론가인가를 파악

했다. 열다섯 살 때, 그녀는 수도 없이 퇴짜를 맞으면서도 끈질기게 프로듀서들의 방문을 노크했다.

"그 때의 내 마음은 바로 이런 거였죠. '그래, 두고봐라. 내가 못 해낼줄 알고?' 바로 이런 오기가 생기더라는 겁니다."

그녀는 계속 이야기를 전개해 나갔다.

"나는 나의 영혼의 소리를 들었어요. 그 속삭임은 내게 '계속 가, 계속 가란 말이야.' 이렇게 말하고 있었죠. 내 면전에서 문이 쾅! 하고 닫히면, 나는 발로 문을 힘차게 차고 돌아오곤 했죠. 나는 바로 그런 사람이었어요."

내가 다이안 워렌에게 그녀의 그런 기질은 어디서 온 것 같으냐고 물었을 때, 그녀는 다음과 같이 대답했다.

"제 몸 속에는 러시아 혈통의 피가 흐르고 있지요. 러시아인의 DNA가 무엇을 말하는지는 잘 아시겠죠? 우리 조상들이 미국에 왔을 때, 그들은 무엇인가를 스스로 이룩해 내지 않으면 안 되었다는 말입니다."

● ● ●

내가 인터뷰한 사람들 중에서도 그러한 이민자의 피가 흐르는 사람들이 여러 명 있었다. 파티 플래너인 프레스톤 베일리 같은 사람도 바로 그런 부류 중의 하나이다.

프레스톤은 도널드 트럼프, 돈나 카렌, 리자 미넬리, 매트 라우어

같은 거장들의 엄청나게 큰 규모의 환상적인 파티를 주관한 사람이다. 그의 외모는 한 마디로 귀공자 타입이다. 큰 키에, 잘 생긴 얼굴에, 항상 웃는 모습에서 풍기는 분위기는 다른 사람들을 압도한다. 그가 열아홉 살 때 파나마로부터 미국 땅에 도착했을 때, 그의 주머니에는 단돈 50달러밖에 없었다. 그는 낮과 밤을 가리지 않고 세 가지 이상의 일을 뛰었다. 저녁에는 Bloomingdale 백화점에 임시 직원으로 근무했는데, 거기서 그는 잘생긴 외모 덕에 모델로 발탁되기도 하였다. 그러나 그는 그 분야에선 크게 성공하지 못했다. 그 때에 인테리어 디자인을 하는 친구가 와서 함께 일해보지 않겠느냐고 제안했다. 그래서 그는 그 친구를 위해서 파크 애비뉴에서 가정집에 꽃 장식을 해 주는 일을 하게 됐는데, 그 때 고객 중에 크리스티 화랑도 포함돼 있었다. 그 일을 통하여서 상류층 사회의 꽃에 대한 취향을 어느 정도 파악하자, 그 경험을 살려서 꽃을 위주로 한 결혼식 피로연 파티 일을 기획했다. 한 번 두 번 그가 이런 호화로운 파티를 기획하자, 그의 진가가 입소문을 통해서 퍼져 나갔고, 급기야는 그를 이 분야의 대가로 만들어 준 것이다.

● ● ●

"이민자들이 미국사회에서 성공할 확률은 미국 본토박이보다 훨씬 더 많다고 할 수 있다. 왜냐하면, 미국 본토박이는 최후의 보루인 '안전망'이라는 것이 있지만, 이민자의 경우는 그런 것이 없는, 그야말로 '맨땅에 헤딩하는' 절박한 처지이기 때문이다."

– Mark Burnett

"나는 프랑스 중류 가정에서 자라다가 미국으로 이민 오게 되었다. 도착한 바로 그 순간부터 돈도 많이 벌고 싶었고, 사회적으로도 유명해지고 싶었다. 바로 그 목적을 달성하기 위해서 나는 이 나라에 왔다."

– Frederic Fekkai

"나의 아버지는 이 나라를, 다른 이민자들이나 마찬가지로, 기회의 땅으로 생각하고 왔다. 부모님은 모두 터키인이다. 부모님은 자신들의 능력을 최대한 발휘할 수 있는 시스템을 원했다. 더 열심히 일하면 더 많은 보상이 돌아오는 그런 시스템 말이다. 더 열심히 일하면 더 잘 살 수 있게 된다는 이 시스템이야말로 엄청난 동기부여의 원천이다.

– Dr. Mehmet Oz

"나의 어머니와 아버지는 아무 교육도 받지 못한 채, 이태리로부터 이민 온 경우이다. 나는 날마다 부모님이 뼈 빠지게 고생하면서 일하시는 것을 보면서 자랐다. 그들은 휴일도 없이, 영화구경 한 번도 해보지 못하고 한 평생을 사셨다. 그들의 그런 어려운 형편이 나를 자극했다. 나는 절대로 그런 식으로 살 수 없다고 늘 나 자신에게 다짐했다."

– Mario Cuomo

톰 퍼킨스의 사업이란 벤처 캐피털을 운영하는 것이다. 그것은 매순간 피를 말리는 '불확실과의 전쟁'이다. 비록 이런 환경에서 일하고 있지만, 그는 실패를 가정하는 것을 전적으로 거부한다.

"나는 언제나 '어떠한 문제에도 해결방법은 있다'라는 긍정적인 사고방식을 갖고 일한다"

나는 그를 보면서 마치 재벌가의 황태자 같은 모습을 떠올렸다. 우리가 처음 만난 곳은 지중해의 그의 별장에서였다. 푸른 색 셔츠에 흰색 반바지를 입은 채로 요트 위에 앉아있는 그의 모습을 처음 본 순간, 우리 인터뷰 팀은 마치 재벌가의 황태자가 우리들 앞에 서 있는 것 같은 착각을 할 정도였다. 우리가 두 번째 인터뷰를 위하여 만난 곳은 샌프란시스코의 엠바카데로에 있는 그의 사무실에서였다. 그는 나와 커피 잔을 부딪친 후 이렇게 말했다.

"왜 그 일이 실패했는지 이유를 대는 사람, 왜 모든 사람들이 실패할 수밖에 없었는지 변명하는 사람, 또는 그 일이 얼마나 어려운 것인지를 장황하게 설명하는 사람, 우리는 이런 사람들을 늘 만나면서 살고 있다. 그럴 때면 나는 언제나 그들의 그런 말을 무시해 버린다. 그리고는 내 나름대로 생각한다. '그래, 문제가 있으면 반

드시 돌파구도 있어, 암 그렇고 말고.’ 이것이 내가 문제에 직면해
서 그것을 해결해 나가는 방식이다.”

"나는 언제나 이기려는 의지로 충만해 있다. 왜냐하면 나에게는 다른 대안이 없기 때문이다."

– Brooke Shields

"사람들은 나를 '지나친 낙관주의자' 라고 부른다. 지금도 나는 출판업계의 장래를 아주 밝다고 생각한다. 내가 이 분야에 진출했을 때인 1960년대에, 사람들은 '소설시장은 끝났다' 라고 말했다. 그러나 그것은 사실이 아니었다. 우리 인간들의 상상력이란 끝없이 진화하는 것이니까. 단지 한계가 있다면, 그것은 그 조직의 우두머리가 갖고 있는 생각의 한계일 뿐이다."

– Jane Friedman

"나는 마지막 종료 휘슬이 울릴 때까지는 결코 패배를 인정하지 않는다."

– Jeff Zucker

"나는 어떤 일을 결코 우연히, 또는 실수로 해 본적은 없다. 왜냐하면 나는 언제나 나 자신과 적당히 타협하는 성격이 아니기 때문이다. 나는 내가 올바른 일을 하지 않았다거나, 나 자신의 의지에 의해서건 혹은 다른 사람의 강요에 의해서건, 내가 관련된 일이 말끔하고 깨끗하지 못하면, 결코 한 잠도 잘 수가 없다. 그것을 나의 고집이라고 해도 좋다. 또 그것이 나의 결점이 될 수도 있다. 그래도 나는 나의 그런 성격을 좋아한다."

– Renee Zellweger

한계를 부정하라

인간은 1차원적인 생물이 아니다. 그렇다면 당연히 우리들의 인생도 다차원적이어야 하지 않겠는가? 그러나 사람들은 당신을 규격화된 상자 속에 넣고자 한다. 그런 후에 '당신은 그 부류에 속하는 사람'이라고 단정짓고 싶어한다. 당신은 그것에 단호히 저항해야만 한다.

내가 사회생활을 막 시작하고 난 후인 20대 초반에, 나의 내부의 목소리는 내게, 나의 능력은 결코 어느 정도에 국한될 수 없다는 말을 했다. 나는 사실 그런 충동이 내 마음 속 어떤 곳에서 나왔는지 모른다. 그러나 나는 본능적으로 나의 능력은 무궁무진하다는 사실을 깨달았다. '카테고리 부정하기' 또는 '여러 우물 파기'는 지금껏 내가 인생을 살아오면서 터득한 지혜의 정수(精髓)요, 또 나 자신에게 항상 다짐했던 좌우명이다. 나는 그러한 마음가짐이야말로 바로 우리들의 능력을 무한대로 끌어 올린다는 사실을 실제로 체험했다.

내가 젊었을 때 목표로 했던 TV 인터뷰 진행자로서의 입지를 굳히고 나서, 나는 그것을 바탕으로 하여 새로운 것들에 끊임없이 도전하기 시작했다. 그것은 나의 능력이 어느 정도나 되는지 자신을 시험하는 과정이었다. 나는 토크쇼는 물론, 인기인들의 사생활을 까발리는 쇼도 진행하였고, CBS-TV에서는 게임 쇼도 진행하였고, WNBC-TV의 뉴스에서는 앵커도 하였고, 폭스 TV를 위해서는 코메디 쇼도 제작하였으며, 여러 개의 심야 쇼 프로그램도 진행하였고, Food Network에서는 인터뷰어로서 오랫동안 요리 전문가로 활동하였다. 또 여행전문 채널에서는 여행전문가가 되기도 했다. 심지어 어떤 쇼 프로그램에서는 권투의 해설까지도 맡아 했다. 그것뿐이 아니다. 나는 로큰롤 프로도 제작하였고, TV를 위한 발레와 재즈 프로그램도 기획하였다. 소설책도 한 권 썼으며, 뉴욕 타임스에 고정적으로 에세이도 기고했다. 영화에도 출연하였으며, 뮤지컬에까지도 진출하였다.

내 말을 믿으라. 다른 성공한 사람들은 나보다도 훨씬 더 다양한 일을 훨씬 더 훌륭하게 수행하였다는 사실을. 내가 한 일은 그들이 이룩한 업적과 비교하면 그저 빙산의 일각에 불과할 뿐이다.

이 책에서 인터뷰한 많은 사람들은 카테고리를 부정한 사람들이다. 만약 그들이, 당연히 그들이 했을 거라고 생각되는 일만 했다면, 그렇게 오랫동안 세상 사람들에게 존경의 대상이 되지 못했을 것이다.

그의 트레이드 마크인 '우하하!' 하는 소리를 지르면서 짐 크레이머는 〈CNBC의 Mad Money〉 프로그램에 그렇게 나타났다. 그 모습은 마치 그가 1980 ~ 1990년대에 월스트리트에서 헤지 펀드를 운용하며 엄청난 수익을 올리던 그의 전성기를 연상시키기에 충분했다. 짐은 그의 에너지를 스크린에 모두 분출한다. 그는 큰소리로 떠들며, 거창한 몸짓을 하고 때로 의자를 집어던지기까지 한다. 어떤 사람들은 그를 우상으로까지 존경하는데, 그가 추천하는 종목이라면 무조건 뒤도 돌아보지 않고 사는 사람들이 있는가 하면, 그와는 정반대로, 그가 TV에 나오기만 하면 채널을 다른 데로 돌려 버리는 시청자도 있다. 그는 분명 특이한 TV 진행자임에 틀림없다.

1990년대에 그가 엄청난 수익을 올리면서 헤지 펀드를 운용할 때에 사람들은 그에게 사이코적인 기질이 있다고 말했다. 그럼에도 불구하고, 그는 매우 유능한 주식분석가로 이름을 날렸고, 한동안 월스트리트에서 사상 유례가 없는 엄청난 고수익을 올리기도 했다. 비록 돈은 많이 벌었지만, 그는 심신이 너무나도 황폐화되어 있어서 삶의 재충전을 하는 시간이 필요하다는 생각을 갖게 되었다 그래서 원래 그가 하고 싶었던 TV의 진행을 맡게 되었고 비교적 성공적으로 두개의 쇼, 〈America Now〉와 〈Kudlow & Cramer〉를 진행하게 된다. 그러나 얼마 지나지 않아 뒤에서 방해하는 사람들로 인하여 그의 쇼들은 하향곡선을 그리게 된다. 비난하는 사람들의 이야기는 짐이 일부러 TV 스크린에서 사람들의 시선을 끌려고 그렇게 광적인 체하고 거칠게 보이려고 가장(假裝)한다는 것이었다.

그러나 짐과 개인적으로 만나보니 내게는 그렇게 난폭해 보이지도 않았고, 또 자신을 속이면서 과장해 보이는 것 같지도 않았다. 오히려 차분하고 생각이 깊은 사람이라는 인상을 받았다. 나는 하필이면 그가 가장 바쁜 날에 인터뷰 약속시간을 잡았다. 그날 그는 이른 아침부터 밤늦게까지 무려 열세 시간에 걸쳐 TV에 나가도록 되어 있었던 것이다. 그는 '성공'이라는 나의 인터뷰 주제에 대하여 다음과 같은 말을 했다.

"당신은 바로 당신 자신이어야 합니다. 지난 3년간 많은 사람들이 내게 말했지요. 절대로 당신의 속내를 드러내면 안 된다고요. 그렇지만 그 말은 옳지 않았어요. 그런 사람들의 충고를 따랐다가 많은 손해를 보았지요."

그가 지금 진행하고 있는 프로그램인 〈Mad Money〉에서, 그는 정말 그 자신 그대로이다. 점점 높아가는 시청률과 열광적인 팬들의 호응이 이를 잘 증명해 주고 있다. 짐은 이 책의 독자들에게 우리들의 몸가짐에 대하여 이렇게 이야기해 주고 있다.

"당신이 성공하고 싶다면 옷맵시를 이렇게 꾸며라, 말투는 이렇게 고쳐라, 표정관리는 이렇게 하라는 등등에 관하여 다른 사람들의 말을 듣지 말라는 것이다. 그것이 특히 성공에 관한 황금 룰처럼 보이는 경우에는 아마도 당신은 그런 유혹에 귀를 기울이고도

싶을 것이다. 그러나 나의 경험 상, 그것은 절대 좋은 방법이 아니라
는 사실이다. 자신을 솔직히 드러내는 것, 이것만이 최선이다.”

* * *

‘자연스런 화장’ 이라는 화장기법을 주장하여 그 분야의 선구자가
된 메이크업의 대가인 바비 브라운은 그가 처음 화장품 아티스트의
길을 걸을 때, 당시까지 유행했던 사회의 주류인 ‘아름답게 꾸미는
화장’ 기법을 과감히 거부했다.

“내가 메이크업 아티스트라는 직업에 첫발을 내딛던 시절에는 아
주 하얀 피부, 붉은 입술, 짧은 머리가 유행하고 있었지요.”

자연스런 얼굴과 표정을 한 이 여성은 내게 이렇게 당시를 설명
해 주었다.

“그렇지만 그것은 내 스타일이 아니었어요. 나는 그런 식으로 화
장을 할 수 없었지요. 내가 모델들에게 권하는 화장기법은 자연스
럽고 건강하게 보이는 것이었어요. 사람들은 그 때 제게 말했지요.
‘그런 식으로 해서는 절대로 이 분야에서 성공할 수 없어’ 라고 말
이죠. 당시의 유명한 사진사들이나 메이크업 아티스트들이 한결같
이 나를 그런 식으로 몰아붙였다니까요.”

나는 그녀에게 물었다.

“그러니까 당신은 화장기법에 대한 분명한 비전을 갖고 있었던
거죠?”

"사실 나는 그때의 내 주장이 그런 비전인지 뭔지도 몰랐어요. 내가 알고 있었던 것은 여성들을 자연스럽고 건강하게 보이는 기법뿐이었으니까요. 그렇지만 사람들은 그때 그렇게 하지 않았죠. 어느 날 나의 헤어 드레서조차도 앞으로 이 분야에서 일하고 싶으면 내 머리를 자르는 것이 좋을 것이라고 말하면서 나를 설득하려 했죠. 그때의 제 머리는 지금의 이 긴 말총머리나 별반 다르지 않았어요."

바비 브라운은, 만약에 자신만의 화장기법을 보급하려면 그래서 자기의 비전을 실현하려면, 자기 나름의 독특한 화장품을 개발하는 것이 중요하다는 사실을 깨달았다. 그녀는 한 화학자를 만났고 그에게 '입술처럼 자연스러운' 립스틱을 개발해 달라고 부탁했다. 시제품이 완성되자 그녀는 그것을 자기의 친구에게 쓰도록 했다. 친구는 그 립스틱을 너무 좋아한 나머지 그녀의 또 다른 친구에게 권했다. 바비 브라운은 여기서 이런 생각을 했다. '내 친구가 좋아하면 틀림없이 다른 사람도 좋아할 수 있을 거야'라고. 이번에는 그녀의 또 다른 친구에게 주었는데, 마침 그녀는 〈Glamour〉 잡지의 편집인으로 있었다. 잡지사의 친구는 그 시제품을 써 본 후 잡지에 조그맣게 품평을 곁들인 기사를 바비의 집 전화번호와 함께 실어 주었다. 이렇게 해서 바비는 다른 여러 가지의 자연스런 색상들을 개발해 낼 수 있었다. 어느 날 그녀는 파티에서 한 여성을 만나게 되었는데 그녀는 Bergdorf Goodman의 화장품 바이어였다. 바로 그 순간부터 바비 브라운의 화장품은 비상(飛翔)을 시작하게 된 것이다. 이것이 그녀의 솔직한 고백이다.

"만약 내 친구에게 통한다면, 다른 사람들이라고 안 될 이유가 있을까?"

나는 총명한 가수이자 작곡가인 피터 신코티를 2001년에 만났다. 그 당시 우리는 '우리들의 시나트라' 라는 쇼에 함께 출연하고 있었다. 당시 그는 겨우 열아홉 살이었는데 그것은 그의 첫 무대이기도 했다. 그는 피아노에 천재였을 뿐만 아니라 다른 방면에서도 재능을 유감없이 나타내고 있었다. 피터는 특히 재즈를 좋아했는데, 그 당시 벌써 여러 개의 국제 음악제에서 수상한 경력을 갖고 있었다. 그때부터 나는 이 천재 소년을 눈 여겨 보기 시작했다.

2003년에 첫 앨범이 나오자마자 그의 곡은 선풍적인 인기를 끌기 시작했다. 2년 후 두 번째 앨범을 내놓았을 때, 모든 사람들은 아마도 그의 이번 작품 역시도 첫번째 앨범과 비슷한 취향일 거라고 생각했다. 그러나 2집 앨범은 일반인들의 예상을 완전히 뒤엎는 것이었다. 다른 모든 예술가들도 그들의 천재성을 여러 분야에서 나타내 보였듯이, 피터 역시도 그의 또다른 독창성을 2집 앨범을 통하여 유감없이 발휘하고 있었던 것이다.

"많은 사람들이 나의 두 번째 레코드를 위험하다고 했어요. 첫 번째 곡과 너무나도 다른 방향이라는 이유에서였죠."

피터는 말했다.

"어떤 의미에서 그렇다는 건가?"

내가 물었다.

"그것이 순수한 재즈가 아니라는 뜻이죠. 거기에는 팝의 요소도 있고 일반 다른 음악의 요소들도 가미돼 있어요. 왜냐하면 첫번째 곡이 나와서 크게 히트하고 순위 차트에서 1위를 차지하고 있는 상황에서, 두 번째 곡이 그것과 전혀 다른 분위기를 연출한다면, 그것은 위험부담이 매우 크다는 걱정들이었죠. 그렇지만 제가 조금 전에도 말씀 드렸듯이, 그것은 저의 감정이 아니에요. 저는 레코드들이 저의 솔직한 감정을 잘 표현해 주기를 원했거든요. 내가 다섯 살 때 느낀 것과 일곱 살 때 느낀 것은 당연히 달라야 하지 않겠어요? 그것은 또 아홉 살 때 연주한 것과 열한 살 때 연주한 것이 달라야 하는 것과 같은 이치이죠. 만약 내가 상업적인 가치만 따랐다면 당연히 첫번째 크게 히트한 그 추세를 따라야 했겠지요. 그렇지만 나는 그런 것들을 과감히 포기했던 겁니다. 나는 음악을 통해서 나를 표현하고 싶었거든요."

피터의 두 번째 앨범도 첫번째 앨범만큼이나 성공적이었다. 뉴욕 타임스는 그를 가리켜 '다음 세대를 이끌어 갈 가장 탁월한 가수이자 피아니스트'라고 격찬했다. 2집 앨범이 성공하자마자, 그는 세계 여러 나라를 방문하면서 팬 서비스를 하기에 이른다. 그리고 지금은 3집을 준비하고 있다. 과연 3집은 그의 또 어떠한 면모를 표현할지 많은 사람들이 호기심으로 지켜보고 있다.

● ● ●

건축가의 모퉁이돌이라고 할 수 있는 데이비드 록웰의 성공은, 기존의 고정관념을 그대로 받아들이기를 철저히 거부하는 그의 자세에 있다고 할 것이다. 다른 사람들이 불가능하다고 보는 것을 그는 기회라고 생각한다. 이 인테리어 스페이스 디자인 분야의 거장(巨匠)을 자극하는 가장 좋은 말은 '당신은 할 수 없다' 이다.

"학창시절에, 우리들에게 과제물이 주어졌을 때, 대다수의 학생들은 유럽의 광장(廣場)들을 주제로 선택했지요. 그러나 나는 타임스 스퀘어를 선택했습니다. 이런 나를 두고 사람들은 '그건 별로 좋은 주제가 아니야' 라고 말했지만, 지금 내 생각에는 아마도 그 때 그들의 의도는, 타임스 스퀘어가 별로 웅장하지 않아서, 거기서 더 아이디어를 확장해 나갈 수 없을 거라는 생각에서 그런 말을 한 것이 아닌가 싶어요. 그러나 나는 그런 한계를 거부했습니다. 나는 타임스 스퀘어야 말로 매우 흥미 있는 주제가 될 수 있으며, 내 머리 속에는 그것을 이용하여 창작할 수 있는 여러 가지 변형으로 가득 차 있었거든요."

데이비드와 내가 만난 곳은 로크웰 그룹의 본사 건물에 있는 그의 사무실이었다. 그의 사무실은 마치 거대한 산 속에 있는 통나무

집 같은 인상을 풍겼다. 누구라도 그의 사무실을 방문한 사람이라면 자신이 뉴욕 맨해튼 번화가에 있는 빌딩 속에 있다고는 상상하기가 어려울 것이다. 200여명 이상의 디자이너들과 건축가들의 작품으로 가득 찬 긴 복도를 따라가면서 나는 마치 그 작품들이 나에게 '하이!' 하고 손을 내미는 것 같은 착각에 빠졌다. 나는 그의 작품에서 그가 '공동체'라는 의식을 강조하는 작품세계를 추구하고 있다는 영감을 아주 쉽게 느낄 수 있었다. 아카데미 시상식이 열리는 할리우드의 코닥 극장이건, 디즈니월드의 Cirque du Soleil 이건, 인터콘티넨탈 홍콩 호텔이건, 그는 자신이 창조한 건축물들을 통하여, 소위 그가 말하는, '공동생활의 축제'라고 부르는 그런 느낌을 확산시키려고 노력하고 있다.

극장을 운영하는 어머니의 영향을 받아서 데이비드는 어려서부터 공동생활, 또는 공공시설에 대한 영감을 깊이 받으면서 성장했다. 그가 열한 살이 되었을 때, 그는 뉴욕 구경을 가게 되었는데, 그 때 형제들과 함께 〈지붕위의 바이올린(Fiddler on the Roof)〉을 보고 또 Schrafft's 식당에서 즐거운 식사도 했다. 어렸을 때의 그 추억은 데이비드의 머리에 크게 각인되었고, 그 때부터 그는 뉴욕이라는 도시를 사랑하게 된다. 데이비드는 내게 말했다.

"그 날 이후로, 레스토랑과 극장은 내 열정의 핵심이 되었죠."

그는 사람들이 자기에게 했던 충고를 들려주었다.

"사람들은 내게 극장이나 레스토랑은 건축물이 아니라고 말했어요. 적어도 건축물이라면 박물관 정도는 돼야 한다고 했죠. 그러나 지금 생각해 보면 흥미로운 사실은, 나는 사람들이 건축물이 아니라고 하는 구조물들에서 유난히 더 애착을 느꼈다는 사실입니다."

데이비드는 어떤 결과가 입증될 때까지 기다리는 성격이 결코 아니다. 그는 사람들이 '진정한 건축물'이라고 간주하는 기존의 고정관념을 과감히 깨트렸다. 그리고 비주류(非主流)라고 도외시되어 오던 식당들, 예를 들면 Vong, Nobu, 뉴욕의 종합터미널 안에 있는 대연회장과 같은 대중적인 건축물들을 주로 설계했다. 그는 또 일반적인 디자인의 개념을 뛰어넘는 뮤지컬이나 ⟨TV의 Hairspray⟩, ⟨The Rocky Horror Show⟩, ⟨Dirty Rotten Scoundrels⟩와 같은 무대 디자인도 선보였다. 나는 그에게 다음과 같이 물었다.

"기존의 카테고리를 부정하기를 즐겨하는 당신같은 사람들에게 들려주고 싶은 어떤 특별한 말이 있습니까?"

그는 주저하지 않고 대답했다.

"문제는 그들이 어떻게 그것들을 성공시키느냐 하는 것이지요. 나는 그런 사람들이라면 기꺼이 실패를 감수하려는 마음가짐을 가져야 한다고 봅니다. 즉, 실패를 즐겨하라는 말씀입니다. 그러나 문제는 실패를 즐기는 사람들은 아주 드물다는 거죠. 보통 사람들처럼 당신도 위험회피형(危險回避型)이라면, 아마도 당신은 늘 해오던 일을 하면서 살아갈 가능성이 많습니다. 그리고 그것은 언젠가는 신물이 나고 지루하게 느껴지겠죠. 당신의 인생도 당연히 그렇게 될 가능성이 많습니다."

다음은 데이비드의 철학을 엿볼 수 있는 대목이다.

"나는 사람들이 즐겨 쓰는 '합리적'이라는 말을 결코 참지 못합니다. 나는 그 합리적이라는 말에서 어떤 이유도 찾을 수가 없거든요. 앞으로 나아가고자 하는 사람은 자기 자신의 독특한 직관(直觀)을 믿고 그것을 밀고 나가야 합니다."

End Notes

"나는 그곳에 큰 공간이 있다고 생각했다. 바로 지오르지오 알마니와 랄프로렌의 틈바구니, 대서양과 미국의 사이에 말이다. 그것은 바로 미국의 남성패션을 위해서 남겨진, 내가 발견한 틈새시장이었다. 그것이 컬러이건, 패턴이건, 또는 실루엣이건 간에 나는 그것을 발견하고 곧 시장에 접목시켰다.

— Joseph Abboud

"나는 웃지 않을 수 없었다. 사람들이 나의 작품을 보고 천박하다고 하니 말이다."

— Preston Bailey

"모든 것은 변화한다. 내 생각에, 변화야말로 사람들을 젊게 만드는 그 무엇이다. 나는 이런 말을 아주 혐오한다. '나는 그것을 해야만 해요. 왜냐하면, 내가 지금까지 계속 그 일을 해 왔기 때문이죠.' 나는 변화를 즐기며 성장을 믿는다."

— Jane Friedman

"때때로 내가 겁 없이 저질렀던 일들, 지금 돌이켜 보면 그것들이 바로 나를 큰 성공으로 이끈 길잡이가 되었다."

— Anna Quindlen

성공의 연습

항상 열심히 일하라

나의 아버지는 내게 이렇게 말씀하시곤 했다.

"너는 이 말을 꼭 명심해야만 한다. 네가 무엇인가를 투입했을 때만 어떤 결과를 얻을 수 있다는 진리 말이다."

아버지는 100% 옳으셨다. 당신이 근육을 단련하는 훈련을 하든, TV의 진행자로서의 자질을 키우든, 잡지를 발행하든, 어떤 경우에라도 그 '노력=성공' 이라는 황금률은 수학적으로도 충분히 검증이 가능한 법칙이다.

이 책에 등장하는 사람들이 갖고 있는 직업관, 근로관은 확실히 보통 범상한 사람들의 그것과는 다르다는 것을 나는 실감했다. 만약 당신이 열심히 일해야 한다는 사실 때문에 지레 겁을 먹는다면, 나는 차라리 당신에게 이 장을 뛰어 넘으라고 권하고 싶다. 왜냐하면, 이 장에는 그건 사람들의 '노력과 성공의 상관관계' 를 입증하는 많은 증언들이 나올 것이기 때문이다.

물론 같은 일을 하더라도 즐겁게 하느냐 또는 고통스럽게 마지못
해 하느냐의 차이는 있다. 동양의 철학자인 공자는 이를 두고 '네
가 좋아할 수 있는 직업을 찾아라. 그러면 너는 평생 동안 단 하루
도 일을 하지 않고 살 수 있을 것이다' 라고 말했다. 맞는 말이다.
이 책의 주인공들은 열심히 일했다. 그러나 그들은 열정이 가득 찬
상태에서 즐겁게 일했다.

모든 이야기들이 다 즐거운 것만은 아니다. 그들도 분명 어려움
을 만났다. 그러나 그들은 그런 상황이 닥쳤을 때, 옷소매를 걷어
부치고 정면으로 맞섰으며, 그 상황 속으로 뛰어 들어갔고, 그 결과
우리들에게 '성공은 저절로 따라오지 않는다' 는 교훈을 보여주게
된 것이다.

· · ·

짐 크레이머는 기계다. 그는 매일 새벽 3:45에 일어나서 그때부
터 자기가 출연하는 다양한 미디어 채널의 시청자들에게 들려 줄
이야깃거리들을 찾아 나서기 시작한다. 하루의 일과를 거의 마칠
때쯤 해서는, 그는 자신이 운영하는 TheStreet.com에 칼럼을 준비
하고, 자기가 진행했던 프로그램인 〈Mad Money〉나 〈Jim Cramer's
Real Money〉 같은 프로그램에 대한 시청자들의 반응을 살피기 위
해 수백 개의 e-mail을 모니터링 해야 하는 것이다. 큰 TV 쇼를
몇 개씩 진행하면서 사람들에게 그날그날 사고팔아야 할 주식을 추

천해 준다는 것은 결코 쉬운 일이 아니다.

"나는 정말 지칠 줄 모르는 사람이라고 자부한다. 누군가가 나보다 더 열심히 일하는 사람을 알고 있다면 나에게 데리고 왔으면 좋겠다. 가령 아침 8:00 이라는 시간을 정해 놓고, 하루의 출발 준비가 됐는지를 점검하는 테스트가 열린다면, 나는 언제라도 1등을 할 자신이 있다."

이 책의 독자들에게 해 주고 싶은 말을 아주 짧게 요약해 달라는 나의 부탁에 그는 이렇게 말했다.

"나는 아침마다 눈을 뜰 때면 이렇게 외친다. '오늘이 바로 그날이다! 오늘이 바로 그날이다! 오늘이 바로 내가 기다리던 그날이다!' 하고."

• • •

다이안 워렌은 엄청난 재산과 경제적인 성공에도 불구하고, 아직도 마치 집세를 벌어야만 살아갈 수 있는 사람처럼 아주 열심히 일한다.

나는 다이안에게 이렇게 물었다.

"당신의 직업윤리랄까, 근로에 대한 가치관을 얘기해 주지 않으시겠어요?"

그녀는 웃으면서 이렇게 대답했다.

"정신 나간 질문이군요."

"사람들이 당신에 대해서 이야기 하는 것을 들었어요. 가장 열심히 일하는 음악작가라고요."

그녀는 고개를 끄덕이며 수긍했다.

"예, 그래요. 나는 솔직히 나보다 더 열심히 일하는 사람은 없다고 생각해요. 내가 할 줄 아는 건 일뿐이에요."

사실 그녀는 일밖에는 모른다. 이런 경우는 매우 특이한 케이스에 속하는데, 그녀는 음식도 할 줄 모르고, 여가나 휴식시간을 적절히 보낼 줄도 모른다. 그러나 바로 그런 특이한 점이 오늘의 다이안 워렌을 만들었다고 생각된다. 그녀는 얼마 전에 거리를 운전하다 지나치면서 어떤 여자를 보았는데, 그녀는 기타를 치면서 길거리에 앉아서 돈을 구걸하며 노래를 부르고 있었다. 그녀는 쓸쓸히 웃으면서 고백했다.

"아마 나 역시도 일에 미치지 않았으면 그 여자처럼 되었을지도 모르죠. 그 아주 짧은 사건은 나를 깊이 생각하게 만들었어요. 아마도 하나님의 자비하심이 없었더라면, 그 모습이 바로 지금의 나였을 거라고 말이죠. 나는 내가 하나님의 축복을 많이 받았다는 생각을 즐겨 해요."

나는 다이안에게도 역시 똑같은 질문을 했다. 독자들을 위해서 당신의 직업 윤리를 들려 달라고. 나의 이 질문에 다이안은 다소 거리가 멀어 보이는 듯한 말을 했지만, 나는 개의치 않고 그녀의 말을 그대로 옮긴다.

"나는 날마다 새로 시작한다는 생각으로 아침을 맞죠. 그리고는 거울을 봅니다. 이런 모습을 상상하는 거예요. 할리우드의 명예의 전당 앞에 서 있는 스타가 된 나 자신을, 그래미 상을 수상하고 있는 자신의 모습을. 백미러를 보고 있는 게 아니라, 바로 나의 앞길을 응시하고 있는 거죠.”

● ● ●

“나는 결코, 단 한번도 점심을 먹으러 간 적이 없다.”

메멧 오즈 박사는 말했다.

“내가 지금까지 일해 온 한 평생 동안 내가 점심을 먹으러 간 때는 식사를 겸한 연설을 한다거나 하는 아주 특별한 경우뿐이었다. 내가 점심을 먹지 않는 이유는 그것이 한참 일할 때의 중간에 끼어 있다는 사실 때문이다. 점심을 먹게 되면 업무의 흐름이 방해된다. 나는 7시에 아침을 먹고 저녁도 거르지 않는다. 그러나 일단 업무에 들어가면, 나는 그러한 식사 같은 것에 방해 받지 않고 나의 일을 하고 싶은 것이다. 그것이 수술을 할 때이건 병원에서 집무를 볼 때이건 그런 업무의 성격은 관계없다. 일에 초점을 맞추는 것, 그것이 나의 성공비결이라고 생각한다. 그 말은 반드시 일을 많이 한다거나 열심히 한다는 의미는 아니다.”

당신이 일주일에 한 번 프랭크 리치의 칼럼을 뉴욕 타임스의 '편집자 칼럼'에서 읽게 될 때 당신은 그가 그 칼럼을 쓰기 위해서 얼마나 많은 노력과 시간을 투입했는지 상상하지 못할 것이다. 한번 칼럼을 쓰기 위해서 그는 꼬박 일주일간을 사람들을 만나서 아이디어를 얻고 노트를 하며, 자료를 모으며, 초안을 쓰고, 그리고는 마지막으로 편집을 하는 것이다.

"나는 언제나 더 잘 쓰려고 노력했지요."

그가 말했다.

"언제나 좀더 나은 칼럼을 쓰고 싶었어요. 매주일 한 사람 한 사람에게 감동을 주는 에세이를 쓴다는 것은 정말 엄청난 노력이 들어가는 일이죠. 만약 하나의 실수라도 발견된다면, 그것들을 바로잡아서 독자들의 시선을 다시 끌기까지는 몇 달이 걸린다는 겁니다. 영화평론이나 연극비평 같은 것은 당신이 외부에서 보기는 아주 멋져 보이지요. '오, 하나님, 당신은 언제나 공짜 표를 얻겠군요!' 이런 식의 부러움을 받는다는 말이죠. 그렇지만 사실은 그와 정반대랍니다. 그건 분명 흥미로운 일임에는 틀림없어요. 그렇지만 다른 한 편으로는 엄청난 노력과 집중력을 필요로 하는 작업이죠. 어느 누구든지 의견이 있을 수는 있지요. 이렇게 말하기는 아주 쉬워요. '이 연극 참 좋았어!' 또는 '난 그 영화 정말 싫어!' 이렇게 말이죠. 그렇지만 나는 뉴욕 타임스나 워싱턴 포스트를 읽는 모든 사람들의 의견을 대변할 수 있는, 사람들이 왜 싫어하고 좋아하는지 그래서 그 결과가 어떻게 될지, 그 이유를 대야만 한다는 거죠. 나는 아주 오랜 기간 동안 비평을 써 왔지만, 그것이 한 번도 마치 농구에서 덩크 슛을 하듯이 만족스러웠던 적은 없었다고 생각합니다. 그만큼 글쓰기는 어렵다는 이야기지요."

벤처 캐피털리스트인 톰 퍼킨스는 자기의 직업에 관하여 사람들이 오해를 가질 만한 또 다른 사람이다.

"당신은 아주 열심히 하겠다는 자세가 되어있지 않으면 결코 벤처캐피털 업계에서 일할 수 없습니다."

그는 계속해서 그 이유를 설명해 나갔다.

"단지 몇 개의 투자 종목에 베팅을 하고 골프를 치러 갔다 와서는 '어디 좀 보실까?' 이렇게 말하는 벤처캐피털리스트가 있다면 그는 정말 웃기는 사람이라는 거죠. 나는 70년대와 80년대에 정말 미치는 수준까지 일을 했지요. 그 당시 나는 12개 또는 14개 정도의 대기업 상장회사 회장이나 마찬가지였던 겁니다. 나는 언제나 열심히 일했죠. 주말이건, 밤이건 말이죠. 언제나 전화가 끊임없었어요. 그렇지만 나는 좋은 이야기라면 일부러 전화를 받지 않았어요. 내가 전화 통화 하는 것은 언제나 작은 문제이건 큰 문제이건 문제가 있을 때였지요. 그래서 내 회사인 Kleiner & Perkins의 좌우명으로 이런 구호를 정했답니다. '작은 문제가 발생하면 우리에게 전화하세요. 큰 불로 번지기까지 그대로 방치하면 안 됩니다. 우리는 소방서입니다. 불을 발견하면 소방서에 전화하세요.' 이 말은 우리 고객들이 회사에 문제가 있어서 전화하면, 우리들은 언제든지 응답한다는 겁니다."

"그렇게 열심히 일할 때 당신의 느낌은 어땠어요?"

내가 물었다. 그의 일에 대한 애정 여부를 확인하기 위해서였다.

"물론 힘들고 피곤했죠."

그가 말했다.

"그렇지만 일을 성취했을 때의 그 성취감이 나를 계속 앞으로 가게 만든 겁니다. 이 이야기는 내가 다른 사람들에게도 종종 들려주던 말인데, 스트레스를 치료하는 가장 큰 치료제는 바로 승리, 또는 성취감이라는 겁니다. 만약에 똑같은 만큼의 스트레스가 있고, 또 똑같은 만큼의 성취감을 맛본다면, 성취감이 스트레스를 압도하고도 남는다는 말입니다. 아시겠어요?"

● ● ●

마리아 바르티로모는 꽉 짜인 이태리 분위기의 가정에서 자라났는데, 당시 그녀의 집에서는 식당을 운영하고 있었다. 여기에 그 가정 분위기가 어떻게 마리아의 직업윤리에 영향을 주었는지를 알 수 있는 일화가 있다.

"내가 부모님들로부터 물려받은 가장 중요한 유산은 바로, 열심히 일한다는 거죠. 아버지는 브룩클린에서 Rex Manor라는 식당을 운영하고 계셨어요. 그 식당은 11번 애비뉴와 16번가의 사이에 있었는데, 몇 개의 큰 홀과 식당을 겸하고 있어서 결혼식과 같은 큰 연회가 많이 열리곤 했죠. 주말이면 나는 입구에서 코트를 받아주는 '코트 체크 걸'을 했어요. 내가 주방 안으로 들어가면 아버지는 머리에 수건을 질끈 동여매고는 땀을 흘려가면서 주방 일을 하고 있었고, 엄마와 오빠와 언니들은 홀 심부름을 하곤 했죠. 우리는 매 주말마다, 휴일도 없이 Rex에서 땀 흘리며 일했어요."

그녀는 나를 바라보며 밝게 웃었다.

"바로 이런 '일에 대한 긍정적인 훈련'이 나를 성공으로 이끌었다고 생각해요. 감히 자신하건대 성공에는 어떤 지름길도 없다는 겁니다."

"구체적으로 어떻게 영향을 미쳤다는 겁니까?"

내가 물었다.

"처음 일을 시작했을 때, 나는 그들이 시키는 일이면 무엇이든지 했어요. 첫 직장을 WMCA 라디오 방송국에서 배리 파버의 보조로 일을 했죠. 그가 원하는 일이라면 무엇이든지 다 했죠. 어느 날인가는 자기의 집까지 운전해 달라고 하더군요. 그의 차가 냉각수 계통에 이상이 있었어요. 밤늦게까지 일하고 몸은 녹을 듯한데 그의 집은 정반대 방향이었어요. 그렇지만 나는 전혀 기분 나쁜 표정을 짓지 않고 그를 집까지 바래다주었죠."

그녀는 신이 나서 다음 이야기를 계속 했다.

"그 다음에는 CNN을 갔어요. 야간 근무를 전혀 주저하지 않고 했어요. 어떤 때는 새벽 2시부터 시작한 적도 있고, 어떤 날은 새벽 4시부터, 그러나 그런 것도 전혀 개의치 않았어요."

바로 마리아의 이런 정신과 자세가 그녀를 직장의 매 단계마다 한 걸음씩 위로 옮겨 놓게 하는 원동력이 된 것이다. 그녀는 CNN의 모든 사다리를 '기꺼이 한다'는 정신으로 한 계단씩 차근차근 올라간 것이다.

"CNN에서 나는 모든 것을 경험해 볼 수 있었죠. 밤 근무 때에는 프로덕션 보조기사로 근무할 수 있었고, 그 경험을 바탕으로 〈Moneyline〉의 정식 진행자로 승진할 수 있었죠. 그 다음에는 심야 방송의 작가로서 일할 수 있게 되었죠.

내가 정오에 업무를 모두 마쳤을 때, 나는 제작 책임자에게 가서 '지금 우리가 무슨 일을 하고 있죠?'라고 물었어요. 아마도 그 때 경제 기사들을 많이 다루고 있었다고 기억되는데, 경제학자들에게 찾아가서 자문을 구하는 일을 할 사람이 모자랐던 것 같았어요. 데스크에게 말했죠. '내가 갈게요' 그리고는 그 일을 들고 경제 전문가들을 인터뷰하는 일을 떠난 겁니다."

"집에 가서 쉬는 것도 필요했을 텐데요."

이 말을 하면서도 나는 그녀의 열정에 감탄하지 않을 수 없었다.

"그럼요. 정말 졸렸지요."

그녀는 웃으면서 나의 말을 받았다.

"나는 내 일이 끝났으니까 당연히 집에 가서 쉴 수가 있었죠. 그렇지만 나는 거기에 더 있고 싶었어요. 이것저것 해보고 싶은 일이 많았거든요. 그렇게 많은 경험을 쌓다 보면 언젠가는 생방송에 진행을 맡을 수 있을 거란 기대를 갖고 말이에요. 그리고는 마침내 1993년에 CNBC TV의 생방송 진행자로 발탁이 됐답니다."

그녀에게 그렇게까지 열심을 내도록 만들어 준 원동력이 무엇인지를 물었다.

"나는 가족의 사랑을 너무나도 많이 받고 자랐어요. 그것이 아마도 내게 큰 자신감을 심어 주지 않았나 생각해요. 내가 언제 어느 곳에 있든지 혼자가 아니라는 생각, 언제든지 가족의 도움을 받고 있다는 자신감 말이에요."

폭스 TV의 〈The O' reilly Factor〉의 진행자인 빌 오릴리는 어떤 근로의식을 갖고 있는지 궁금했다. 다음은 그의 근로관이다.

"나는 언제나 열심히 일했다. 나는 열두 살 때부터 집에 페인트 칠을 하면서 아르바이트를 했다. 나는 '일하는 부류'의 사람이다. 나는 '편안한 생물은 결코 성공할 수 없다'고 굳게 믿는 사람이다. 나의 근로의식은 아주 어린 시절에 형성됐다. 부모님은 그 때 내게 이렇게 말씀하셨다. '우리는 네게 줄 만큼 풍족한 돈이 없단다. 그러니까 네가 필요한 것이 있으면, 네가 일해서 그것을 얻도록 해라.' 나는 부모님의 그때 그 말씀이 진리였다고 생각한다."

　이 장에서의 포인트는 당신이 성공하기 위해서는 모든 것을 희생해야 한다는 게 결코 아니다. 성공의 길은 제각기 다르고, 그 시기나 상황에 따라서 서로 다른 것들을 요구한다. 그러나 그 핵심은, 당신이 얼마만큼의 성공을 위해서 어떤 노력과 희생을 투입할 자세가 되어 있느냐 하는 것이다. 그리고 그 결정은 오로지 당신 자신에게 달려 있다는 사실이다.

End Notes

"하나님은 내게 참 좋으신 분이다. 그분은 내게 건강을 주셨다. 지칠 줄 모르는 정력을 주셨다. 당신은 나보다 더 똑똑할 수 있다. 더 잘생겼을 수도 있다. 더 힘셀 수도 있다. 그러나 열심히 일하는 것에 관한 한, 나는 당신을 언제라도 이길 수 있다."

– Mario Cuomo

"나는 하루에 12시간에서 많게는 14시간씩 일한다. 보통 주말에도 그렇게 일한다. 나는 네 개의 골프장을 소유하고 있다. 또 전 세계에 수없이 많은 부동산을 갖고 있다. 마음만 먹으면 적당히 즐기면서 살 수도 있다. 그러나 나는 열심히 일하는 것으로써 나 자신을 즐긴다. 만약 그렇지 않았더라면 오늘날의 나는 없었을 것이다."

– Donald Trumph

"나는 보통 하루에 네 시간 내지는 다섯 시간을 자지만 항상 잠을 많이 자는 것 같아 불만이다. '잠을 좀더 줄일 수만 있다면, 더 많은 일을 할 수 있을 텐데…' 하면서 말이다."

– Jeff Zucker

"나는 나 자신을 위해서 일한다. 이런 생각을 갖고 일을 한다면, 일하는 자체가 훨씬 더 즐거워질 것이다. 그것이 습관이 되면, 마치 당신이 건강을 위해서 운동하는 것이나, 골프를 치는 것 같은 즐거움을 느끼면서 일을 할 수 있을 것이다."

– Diane von Furstenberg

11

훌륭한 멘토를 만나라

내가 노스캐롤라이나의 하이포인트라는 곳으로 옮겨가서 〈Southern Exposure with Bill Boggs〉라는 프로그램을 진행하게 되었을 때, 평생 내게 큰 영향을 주고 또 멘토로 기꺼이 모실 만한 사람을 만났다. 이름은 필 롬바르디라고 하는데, 그는 당시 WGHP-TV의 방송국 책임자였다. 그는 나에게 기획과 제작에 있어서의 완전 자율성을 보장해 주었으며, 쇼 호스트로서 갖추어야 할 매너와 장래에 대한 비전도 아울러 제시해 주었다. 그는 나를 완전히 유망주처럼 대해 주었으며, 서로 합심 노력한 결과 우리는 프로그램 시작 불과 석 달 만에 그 유명한 〈Today Show〉의 시청률을 따라잡을 수 있었다.

필은 여러 모로 본받을 점이 많은 사람이었다. 이 책을 위해서 인터뷰한 사람들에게는 미안한 얘기지만, 나는 지금껏 어느 누구도 그보다 더 열심히 일하는 사람을 본 적이 없다. 그는 시카고의 아주 가난한 집안에서 태어났다. 너무 가난했기 때문에 친구도 거의 없었다. 그는 아주 잘 생긴 근육질의 사람이다. 아마도 이 책의 독자들은 마이클 꼬르네(영화 God Father에서 마론 브란드가 역할을 한 대부의 막내아들 –옮긴이)를 연상하면 그의 이미지를 가장 쉽게 연상할 수 있을 것 같다. 그는 나와 헤어진 후로 많은 돈을 벌고 크게 출세도 했는데, 고린도 TV의 사장을 역임했으며, 몇 개의 방송사를 세워 총괄 회장으로 일하기도 했다. 내가 TV에서 방송진행을 하는데 필요한 대부분의 기술이나 지식은 다 그와 함께 일했던 WGHP-TV 방송사에서 그로부터 배운 것들이었다.

나는 당신도 필 롬바르디와 같은 조력자 또는 멘토를 만나게 되기를 희망한다. 이 책에 등장하는 많은 명사들의 성공비결도 그들이 한결같이 지혜로운 말이나 충고를 그들의 부모나, 상사나, 또는 전혀 예상치 못한 우연히 길거리에서 마주친 사람으로부터라도, 받아들여서 그들의 것으로 소화해 낸 결과인 것이다.

● ● ●

리차드 브랜슨 경은 넬슨 만델라 전 대통령과 아주 가깝게 지내면서 그로부터 여러 가지 영감을 받은 사람이다. 넬슨 만델라는 자기를 28년간이나 감옥에 가두어 둔 반대파들을 모두 용서하고 남아프리카 공화국의 평화를 이룩해 낸 것으로도 유명하다. 그를 멘토

(상담자, 충고자 또는 스승과 같은 존재 –옮긴이)로 모시고 살면서 브랜슨 경은 사업을 하면서도 어떻게 해야 하는가를 배웠노라고 말했다.

"우리 버진 레코드 회사에 날마다 레코드를 한 장씩 훔쳐가는 직원이 있었어요. 어느 날 우연히 그의 도둑질을 발견하게 된 직원들이 내게 몰려 와서는 모두 한결같이 그를 해고하고 절도죄로 감옥에 보내야 한다고 말했죠. 그러나 나는 그 직원을 면담하고 난 후 만델라 선생님의 가르침을 생각했어요. 그리고는 그를 용서해 주기로 결심했죠. 그로부터 15년이 지난 지금까지 그는 정말 모든 것을 다 바쳐서 열심히 일했답니다. 자기의 과오를 덮어 준 회사를 위해서 헌신한 거죠. 이 일을 통해서 나는 회사를 100% 정직하게 운영해 나가는 게 얼마나 중요한가를 깨달았죠. 그래야만 밤에 잠도 잘 잘 수 있다는 사실을요."

"그 밖에 만델라 선생님으로부터 배운 교훈이 있다면 말해 주시겠어요?"

그는 여유 있는 모습으로 나에게 차를 권하면서 다음 말을 계속해 나갔다.

"우리들은 버진 그룹이 재정적으로 튼튼하다는 데 동의했지요. 그리고 그 돈을 좀더 유익한 쪽에 써야 한다는 데도 의견의 일치를 보았어요. 그래서 많은 것들을 함께 의논했죠. 아프리카의 에이즈 퇴치운동, 말라리아 박멸운동 같은 것들에 대해서 말입니다. 만델라 선생님은 이 문제에 대해서 아주 깊은 통찰력을 갖고 계셨어요. 그런 그를 조금이라도 편안하게 해 드리는 것이 기업인인 내가 할 수 있는 봉사가 아닐까요?"

● ● ●

할리우드를 뒤흔드는 그녀의 저력은 어디에서부터 나오는 것일까? 르네 젤위거는 그 뿌리를 스위스 이민세대인 그녀의 부모님으로부터 찾는다.

"전쟁을 경험한 부모들의 자녀 양육을 보면 흥미로운 점을 발견할 수가 있어요. 그들의 가치관은 전쟁을 겪어 보지 못한 사람들보다 훨씬 더 순수하답니다. 날마다 떠오르는 태양을 내일은 다시 볼 수 없을지도 모른다는 두려움은, 그것을 당연한 것으로 받아들이는 사람들보다 훨씬 더 겸손할 수밖에 없겠지요. 나는 바로 그런 가정 환경에서 자라났어요. 시간은 함께 나누어야 할 재산으로 인식되었고, 현재의 매 순간을 충실하게 살아야 한다는 의무감 속에서 자라났죠. 그런 중에서도 어머니는 내 귀에 대고 끊임없이 속삭이셨어요. '내 딸아, 너는 무엇이든지 할 수 있어!' 그래서 나는 나도 모르게 어머니의 그 말씀에 취하면서 인생을 살게 된 거죠."

● ● ●

제임스 블레이크도 열한 살 때 훌륭한 스승을 만나게 된다. 그는 스승을 통하여서 단지 경기에서 이기고 지는 기술만을 배운 것이 아니라, 인생을 좀더 크게 대국적으로 볼 수 있는 안목과 마음을 가다듬는 기술을 배우게 된다.

"브라이언 베이커가 바로 그 사람이었어요. 그는 한마디로 내게 멘토였고, 큰형님이었으며, 코치였고, 그리고 또 좋은 친구였죠. 그분을 만난 건 내가 열한 살 때였는데, 그때부터 나의 인생관이 바뀌기 시작했어요. 사실 그 전까지는 나는 너무나도 경쟁적이었거든요. 지고는 못 사는 그런 성격 말이에요. 나는 언제든지 승리, 승리만을 원했죠. 그는 나에게 마음을 진정시킬 줄 아는 지혜를 가지라고 늘 조언했죠. 한 게임이 중요한 게 아니라 전체적인 매치가 중요하다면서, 모든 것을 길게 볼 수 있는 안목을 기르라고 하셨죠. 나의 성공의 많은 부분은 그분에게서 받은 가르침 덕분입니다."

● ● ●

"어머니는 언제나 내가 하는 일을 사랑하라고 말씀하셨어요. 엄마는 영화와 연극 같은 것에 너무나 깊은 애정을 갖고 계셔서 우리들이 이야기할 때면 항상 주제가 그런 것들이었지요. 엄마는 내가 좋아하지 않는 일은 더 이상 계속할 필요가 없다고 늘 말씀하셨어요. 그래서 나는 내가 하기 싫은 일이나 배역에 대한 요청이 오면 전화를 받지 않고 엄마와 함께 여행을 떠나곤 했죠. 엄마는 또 영화나 연극계에는 언제나 새로운 스타가 탄생하기 마련이라고도 하셨죠. 그러니까 잠시도 한눈을 팔고 연습을 게을리 하면 안 된다고요."

– Brooke Shields

"나의 어머니는 그 혹독한 나치 독일의 포로수용소 생존캠프에서 무사히 살아나신 분이에요. 그래서 어머니는 늘 내가 자유롭게 지내기를 원했죠. 어머니는 내게 이 세상에서 가장 큰 선물을 주셨어요. 바로 두려움을 이겨내는 강인한 정신력 말이죠. 내게 있어서 두려움은 선택의 문제가 아니었어요. 반드시 극복해야만 하는 필수과목이었던 셈이죠. 내가 어두움이 무섭다고 말하면 어머니는 나를 골방 속에다 몇 시간이고 가두어 놓으셨어요. 나는 두려움을 느끼는 것이 허용되지 않는 환경에서 자란 셈이죠. 나를 그렇게 키워 주신 어머니께 감사해요."

– Diane von Furstenberg

"내 인생에는 내가 여섯 살 때 겪은 아주 유명한 일화가 있다. 시골에 살고 계시는 할머니 댁에 놀러가던 중이었다. 한 8km 쯤 남았을까? 갑자기 어머니는 차 문을 열더니 나를 내리라고 하면서 날보고 할머니 집까지 걸어서 오라는 것이었다. 영국의 시골 산길은 얼마나 나무가 많은가? 잠시 후 어두워지고 나는 숲길을 헤매고 헤매면서 고생 끝에 마침내 할머니 집에까지 왔다. 당시엔 어머니를 원망하면서 눈물 콧물이 범벅이 된 채로 할머니 집을 찾아 왔지만, 나중에 알고 보니 그것은 자

식에게 두 발로 설 수 있는 독립심을 키워 주려는 어머니만의
깊은 마음이었다. 어머니는 내가 어려운 상황을 넉넉히 극복할
수 있다는 자신감을 심어 주고자 했던 것이다."

– Sir Richard Branson

"비록 나의 부모님은 공장의 노동자이셨지만 언제나 내게 이
렇게 말씀하셨어요. '그래 너라면 할 수 있어'라고요. 당신이
가난한 가정에서 태어났다고 해서, 사립학교를 다니지 못했다
고 해서 크게 위축될 필요는 없어요. 그것이 곧 당신이 성공할
수 없다는 건 아니니까요. 오히려 나는 성공이란 우리의 선택
의 문제라고 생각해요. 링컨 대통령도 말씀하셨잖아요? '우리
는 자신이 행복하다고 생각하는 것만큼만 행복할 수 있다'고요.
바로 그래요. 당신은 자신이 성공할 수 있다고 생각하는 것만
큼만 성공할 수 있는 겁니다. 나의 어머니께서 해 주신 말씀은
단지 그렇게 믿도록 해 준 것뿐만이 아닙니다. 어머니는 나의
인생 전반을 바꾸어 놓으셨죠."

– Mark Burnett

내가 지금껏 받은 영광 중에서 가장 큰 영광은 2000년에
National Father's Day 위원회가 나에게 '올해의 자랑스러운
아버지 상'을 수여하는 자리에서였다. 그 때 나는 수상소감으
로 '이 상은 이 땅의 모든 아버지들이 받아야 한다'고 했다. 자

식들을 위하여 두 가지 세 가지 일을 마다하지 않고 자신의 몸을 희생하신 아버지야말로 내게는 가장 큰 우상이고 멘토였다.

나의 아버지는 한밤중이면 일어나서 조용히 일터로 나가시곤 했다. 아버지는 회사의 경비원 겸 엔지니어 겸 보일러공이었는데, 추운 날이면 더욱 일찍 나가서 사람들이 출근하기 전에 미리 빌딩을 따뜻하게 만들어 놓는 것이 그의 가장 큰 임무였다. 밤 열시까지 그렇게 열심히 일하다 파무침같이 피곤해져서 돌아오시는 아버지가 늘 안쓰러웠지만, 그래도 아버지는 단 한 번도 우리들에게 '힘들다'는 말씀을 해 보신 적이 없다."

– Phil Lombardo

"나의 아버지는 말씀하시기를 '네가 하고 있는 일에 대해서는 모든 것을 알아야 한다'고 하셨다. 나는 아버지의 그 말씀에 순종했다. 아버지는 손수 모범을 보이시려고 자신이 하는 일에는 언제나 빈틈없이 완벽하게 일처리를 하셨다. 그리고 사람을 대하는 데에 있어서도 그 사람들이 어떤 위치에 있건 언제나 공평하게 대하셨다. 아버님은 언제나 어머니를 아주 따뜻하게 감싸 주셨는데, 나는 그 모습을 보면서 우리 부모님이 아주 끈끈하게 결합되어 있다는 사실을 깨달았다. 결국 지금 생각해보니, 우리 가정의 확고한 안정감이 나의 삶 속에서 언제나 큰 힘이 되어 주었다는 사실을 깨달았다."

– Donald Trumph

"나의 아버지는 아주 열심히 일하시는 분이었다. 아마도 파나마에서 제일 부지런한 분이 아니었던가 싶다. 아버지는 한 밤중에 일어나셔서 일터로 나가서는 밤이 다 돼서야 집으로 돌아오셨다. 우리는 아주 가난한 집안에서 자라났다. 굶지는 않았지만, 늘 '좀더 먹어 보았으면' 하는 생각을 하면서 어린 시절을 보냈다. 그런 가난을 물리치는 유일한 방법은 결국 남보다 더 열심히 일하는 것밖에는 없었다. 그리고 기회가 있는 곳이면 계속 더 좋은 기회를 찾아서 위쪽으로 옮겨가는 것뿐이었다."

– Preston Bailey

"나의 아버지는 테니스와 사랑에 빠졌다. 나의 어머니도 마찬가지였다. 그분들의 그런 기질이 나에게 고스란히 유전되었다. 부모님은 무엇이 좋으면 거의 그것에 미치는 수준이었다. 그리고 그것을 100% 완벽하게 하지 않으면 직성이 풀리지 않는 성격이었다. 그것이 또한 나의 성격이기도 하다."

– James Balke

자만심을 경계하라

어떤 일이든지 노력해서 얻어야 한다. 세상의 이치란 이처럼 간단한 것이다.

당신이 A, B 그리고 C를 달성했다고 해서, 그것이 D, E, 그리고 F가 저절로 따라온다는 말은 아니다. 사람들이 흔히 범하는 오류 중의 하나는 자신들이 어떤 수준의 목표를 달성하고 나면, 그 다음 단계의 승리는 당연한 것으로 여긴다는 데 있다. 훌륭한 명성과 좋은 기록은 언제나 환상적이지만, 그것이 다음 단계의 새로운 목표를 달성하는 에너지를 공급해 주지는 않는다. 성공은 꾸준히 연습하는 것이 중요하다, 그리고 그것은 중단 없는 전진을 의미하기도 한다.

짐 크레이머는 그가 한참 잘 나가고 있던 때인 월스트리트 시절에, 자기 자신이 마치 마이다스의 손인 양 느끼는 환상을 갖게 되었다고 한다.

"내가 골라주는 주식마다 모두들 대박을 터뜨렸지요. 사람들은 미친 듯이 내게 몰려 왔어요. 그것은 내 인생에서 마치 한참 절정으로 올라가는 과정, 음악에서의 크레센도라고나할까요? 1998년에 확실히 나는 지나친 자만심에 빠져 있었지요."

그는 솔직히 자신의 잘못을 인정했다.

"1998년 초에 나는 Cascade 주식을 대량 매집했지요. 그것이 일순간에 거의 휴지조각처럼 된 것입니다. 정말 너무나도 어처구니가 없었지요. 내가 산 주식이 실패하다니… 난 도저히 믿을 수가 없었어요. 그때에야 비로소 나는 깨달았어요. '아! 나도 잘못될 수 있구나' 하는 반성과 함께요."

그때 그는 엄청난 금전적인 손실을 입었다. 그러나 큰 소득은 '자신도 실패할 수 있다'는 사실을 깨달은 것이라고 했다. 짐에게는 다시 그 실패를 만회할 기회가 찾아 왔다. 2000년에 그는 하루에 무려 4억 원씩이나 벌어들이는 놀라운 능력을 발휘하게 된다. 짐은 이 책의 독자들에게 이런 말을 들려 주고 싶다고 했다.

"당신이 무엇을 알고 있는 체하지 마세요. 당신은 언제라도 잘못된 선택을 할 수 있습니다. 아주 신중히 생각하고, 정신을 집중하여 매사를 결정하는 그런 자세가 중요합니다."

행운과 비운을 겪은 사람 중에 제임스 블레이크만큼 혹독하게 경험한 사람이 또 있을까?

테니스 스타인 제임스 블레이크는 아주 짧은 기간 동안에 세계의 테니스계를 제패(制覇)했다. 그의 승리는 계속되고 행운은 끝없이 이어질 것만 같았다. 그러나 어느 날 갑자기 그의 목뼈가 부러지는 중상을 입었다. 거의 같은 시기에 그의 아버지가 돌아가셨다. 이번에는 병원에서 검사를 받아보니 '근육 위축증'이라는 희귀한 병명이 나왔다. 그 병은 그의 안면 근육을 시시때때로 마비시켰다. 이런 일련의 사태를 수습하고 치료하기까지는 많은 시간이 필요했다. 그러나 그는 침착하게 인내했고 결국에는 이 모든 역경을 이겨 냈다. 이 고난의 기간을 통하여서 그는 '성공'이라는 게 얼마나 한 순간에 흘러가는가를 뼈저리게 깨달았다. 그리고 인생을 좀더 깊게 보는 안목을 길렀다. (이 기간은 2004년 여름부터 2005년 상반기까지였는데, 그는 이 연속적인 불행으로 인하여 세계의 톱 랭킹에서 무려 210위까지로 내려가게 된다. ―옮긴이).

"참으로 인생이란 게 보잘 것 없다는 생각을 갖게 하더군요."

그는 당시를 회상하며 쓸쓸히 웃었다.

"그때는 내가 아마도 평생 테니스를 다시 칠 수 없을지도 모르겠다는 두려운 마음도 들었지요. 그래서 나는 생각을 고쳐먹었어요. 지나간 과거는 얼음 같은 것인데, 다 녹아서 없어져 버렸는데 무엇을 더 생각하나 하고 말이죠. 그랬더니 새 힘이 솟더군요. 아무 것도 더 이상 잃어버릴 것이 없다는 생각을 하게 되자 몸도 점차 회

복되고 연습도 잘되고 다시 세계 랭킹이 20위까지 올라가더라고요. 그 때는 참 그 시간이 엄청나게 길었다고 생각되지만 지금 돌이켜 보니 잠시 한순간에 지나지 않았어요."

내가 이 책의 독자들에게 들려 줄 가치관을 물어보자, 그는 이런 말로 대신했다.

"자기가 무엇을 이루었다는 자신감, 확실한 보장 같은 것은 지금 생각해 보니 한낮의 신기루에 불과했어요. 확실한 건 아무 것도 없는 겁니다. 모든 순간을 한 게임 한 게임을 하듯이 신중하게 살아야 합니다."

End Notes

"1990년대에 나는 1조원 정도의 돈을 날렸지요. 사람들은 내가 끝났다고 이야기 하곤했어요. 그러나 나는 정신을 집중했죠. 그리고 사람들이 나의 성공을 두고 흔히 하는 말, '황금팔의 사나이' 라는 호칭을 곰곰이 생각해 보았어요. 그리고 그 말을 믿기 시작한 겁니다. 그 어려웠던 시기를 통해서 나는 주의가 집중되지 않고 흩어지는 것이 아주 큰 문제라는 걸 깨달았어요. 내가 한 곳에 주의를 집중하자 예전과 같은 날카로움이 다시 살아났고, 나는 곧 그 손실을 만회할 수 있었지요. 지금은 물론 그때보다 훨씬 더 자산도 불어났고 사업도 더 안정 됐지요."

- Donald Trumph

"나는 어느 날 성공했다는 사실을 느꼈어요. 그러나 곧 그것을 내가 이루었다고 생각하는 것은 잘못됐다는 사실을 깨달았지요. 그러면서 이런 생각이 들더군요. '그래, 성공한 것이 내게 무슨 상관이람? 이제부터 나는 더 훌륭한 작품을 쓸 거야. 세상을 더 깜짝 놀라게 해 줄 거란 말이지.' 항상 굶주려 있다고 생각하는 한, 당신은 계속 앞으로 전진할 수 있을 겁니다."

- Diane Warren

"어떤 직업에서나 사람은 무엇인가 큰 것을 이루고 나면 자만심에 빠지게 마련이다. 이것이 바로 독약이다. 이런 자만심은 다른 사람들의 감정을 상하게 만들며, 결국은 그들의 견제를 받기 마련이다. 이 자만심이야말로 우리들의 능력을 반감시키는 해악이 되는 것이다."

- Bob Pittman

"당신이 150년을 살 것처럼 착각하지 말아라. 매 순간 순간을 마치 생의 마지막인 것처럼 최선을 다하면서 살아야 한다. 그 어떤 것도 당연히 얻어지는 것이 없다는 사실을 새삼 명심해야만 한다."

- Jeff Lurie

위험을 감수하라

　내가 〈토크쇼의 비밀〉이라는 원맨쇼를 진행하기에 바로 앞서 무대 뒤편에서 있을 때, 나는 때때로 앞으로 85분간에 걸쳐서 무슨 일이 일어날까를 생각해 보곤 한다. 그건 분명 두려운 일임에 틀림없다. 그러나 분명한 사실은 나는 지금껏 이 일을 감당해 왔고, 나 자신의 능력을 시험해 보았으며, 이 일로 인하여 나 자신을 성장시켜 왔다는 사실이다. 만약 당신이 위험과 실패의 두려움을 떠맡지 않는다면, 어떻게 당신이 발전할 수 있다는 말인가? 어떻게 새로운 것들을 경험할 수 있을까? 당신이 늘 해 오던 익숙한 일들만 한다면, 어떻게 현재의 위치보다 더 나은 것을 꿈꿀 수 있으며, 더 앞으로 나갈 수 있을까?

　위험을 감수한다는 것은 미지의 세계로의 도약을 의미한다. 그 도약은 당신의 자신감과 용기를 필요로 한다. 당신은 자신 앞에 놓여있는 어떠한 도전이나 난관도 맞닥뜨릴 수 있고 넉넉히 극복할 수 있다고, 당신 자신을 신뢰해야만 한다. 이제 그렇게 용기 있는 사람들의 이야기를 들려주겠다.

바비 프레이는 그의 첫번째 레스토랑인 메사 그릴(Mesa Grill)을 1991년에 열었다. 그리고 2년 후에 다시 볼로(Bolo)라는 식당을 열었다. 이 두 개의 식당은 주변의 다른 식당들과는 달리 대성공을 거두었다. 2005년에 그는 다시 한번 자신의 거금을 투자하여 Bar American이라는 새로운 식당을 열었다.

"아마 당신도 위험부담이 큰 사업일수록 더 큰 성취감을 맛볼 겁니다. 내가 그랬으니까요."

그는 계속해 말했다.

"만약 당신이 부자라고 칩시다. 나에게 투자를 원하면서 이렇게 말한다면 어떨까요? '헤이, 이봐 바비! 자넨 아주 실력 있는 요리사지. 여기 내 돈이 30억원이 있네. 내가 이 돈을 전부 투자하겠다고. 당신은 그냥 요리만 잘 하면 되는 거야.' 그럴 경우 도대체 내 위험이라는 건 뭐죠? 아무 것도 없는 겁니다. 내 생각에는 그런 방식은 내게도 좋지 않고 투자가의 입장에서도 좋지 않다고 봅니다. 왜냐고요? 간단하죠. 내가 위험을 덜 지는 만큼 나도 인간인 이상, 일을 덜 열심히 할 거란 얘기죠. 내 말 아시겠어요?"

그는 요리만 잘하는 것이 아니라 말 또한 아주 달변가였다.

"레스토랑 업계에서는 이런 이야기가 있지요. '사업을 하려면 전력투구하라'는 격언 말이에요. 내게는 삼천만 원이 전 재산이에요. 당신에게는 삼십억 원이 있어요. 예를 들면, 이럴 경우에 내가 투자

하는 돈 삼천만 원은 당신이 갖고 있는 돈 삼십억 원보다도 훨씬 더 값어치가 있다는 얘기입니다. 만약 그 돈을 투자해서 성공하게 된다면, 그 성취감은 이루 말할 수가 없지요.”

그는 투자에 실패했을 경우의 위험도 충분히 인정했다.

“만약 레스토랑이 실패한다면, 그 충격은 또 말할 수도 없지요. 당신에게 엄청난 상처가 될 거에요. 그렇지만 내 생각에는, 그 실패는 앞으로 당신이 재기하는데 틀림없이 큰 재산이 될 겁니다. 제가 드리고 싶은 충고는, 자신의 모든 것을 투자하면 그만큼 더 자신의 집중력을 높일 수 있다는 이야기지요.”

비록 최근에 문을 연 Bar American은 이 인터뷰를 할 당시까지만 해도 아직 걸음마 단계이긴 하였지만, 내가 보기에는 머지않아 그것은 아주 큰 사업체로 성장할 것이고, 그에게 별 하나를 더 달아 줄 것이라고 생각한다.

● ● ●

제프 루리에가 필라델피아 이글스 팀을 1,850억원에 인수했을 때, 많은 사람들은 너무 비싼 가격을 주고 프로 풋볼 팀을 인수했다고 그의 실패를 예견했다.

“네, 많은 사람들이 그렇게 생각했지요.”

제프는 전에 없이 침착하고 조용한 어투로 말을 꺼냈다.

"그러나 나는 그 투자를 아주 잘한 것이라고 확신하고 있었지요. 왜냐고요? 이글스 팀의 내용이 아주 훌륭했거든요. 만약 당신이 미국의 NFL(National Football League) 같은 흥행성이 있고 수많은 고정고객이 있는 영화산업을 하나 만든다고 하면, 그보다 몇 십 배의 거금이 소요될 겁니다. 생각해 보세요. 배우들 있죠, 관객들 있죠, 국내는 물론 전 세계에 생중계도 되죠, 세상에 이런 영화산업이 어디에 있습니까? 그래서 나는 '이것이야 말로 전략적인 가치가 있는 사업이다' 하고 판단한 거죠."

엄청난 거금을 들인 투자는 때마침 행운도 따라 주어서, 그를 아주 현명한 투자자의 반열에 올려놓게 된다. 제프 루리에가 그 팀을 매입하자마자, 디지털 방송의 위력이 폭발적으로 나타나게 되고, 케이블 TV가 미국 내에 기하급수적으로 확장되고, 거의 같은 시기에 위성방송이 전 세계적으로 보급되기에 이르는 것이다. 이런 시류에 편승하여 미식프로축구의 명성과 재미가 방송매체들을 통해 전 세계에 급속히 알려지게 된 것이다.

"사실 그런 팽창은 10년쯤 후에나 일어날 수도 있었죠."

그는 솔직히 행운이 따라 주었다는 사실도 숨기지 않았다.

"그렇지만 누가 알았겠어요? 그런 붐이 바로 내가 그 팀을 인수하자 일어날 거라고는 아무도 예상치 못했지요. 만약 내가 그보다 10년쯤 늦게 우리 팀을 인수했다고 가정해 보지요. 한 7년~8년간은 별 볼일 없다가 10년쯤 가까이 돼서 팀의 가치가 조금 올라서 그럭저럭 손실은 면했겠죠. 그때 사람들은 말했겠죠. 그래도 그 정도면 괜찮은 투자라고요."

제프는 사람은 뱃장이 있어야 한다면서 이렇게 권고한다.

"당신은 어떤 투자를 안전하게 가져갈 수도 있고, 그래서 보통 사람들이 예상하는 그럭저럭 괜찮은 수입을 올릴 수도 있다. 반면에, 같은 투자를 통해서 큰 도약을 이룩할 수도 있다. 어떻게? 큰 위험을 기꺼이 감수함으로 인해서."

익숙했던 것들로부터 탈출한다는 일은 쉬운 일이 아니다. 왜냐하면 그것은 편안하고, 안전하고, 믿을 수 있다는, 통상 우리들이 익숙해져 있던 개념과는 반대되는 것이기 때문이다. 그러나 지금껏 우리들이 보아 왔듯이, 자신을 통제 불능의 위험지대로 내몰지 않는다면, 당신은 결코 성공할 수 없다. 그리고 성장을 멈춘다면, 당신의 인생은 그저 그런 식으로 끝날 가능성이 아주 많다.

유명한 여배우인 브룩 쉴즈는 28세가 될 때까지 어머니가 매니저를 대신했다. 그때까지도 그녀는 과거에 그 유례를 찾아볼 수 없을 정도로 대성공을 이룩한 모델이었다. 그러나 어느 날 그녀는 문득 깨달았다. 이런 식으로 계속 가다가는 결국 프랑스의 커피 상업 광고에 나가는 것이 고작일 것이라고. 그녀는 다시 한 번 도약이 필요했다. 그래서 자기를 좀더 효과적으로 관리해 줄 수 있는 매니저 팀을 구성하기로 결심했다.

"그 일은 제게 참 힘든 작업이었어요."

그녀는 당시의 어려움을 회상하며 말했다.

"그것은 내가 그동안 친숙해져 있던 모든 것들을 떠난다는 의미였어요. 그 시스템 속에서 나는 모든 것을 훤히 알았고, 모든 것을 처리할 수가 있었죠. 그리고 특히 어머니를 설득하는 작업은 참 인간적으로 어려운 일이었지요. 그리고 어머니를 떠나서 전문팀이 했을 경우 꼭 성공하리란 보장이 있는 것도 아니었죠. 잘못하면 얻는 것은 아무것도 없이 어머니와의 사이만 벌어질 수도 있었어요. 그러나 나는 먼 장래를 내다보면 결국은 그길로 가야한다고 믿었죠."

그렇게 시스템을 바꾼 후, 브룩 쉴즈는 모델로서만이 아니라 배우로서도 일대 도약을 이룩하게 된다. 그녀는 시트콤 〈Suddenly Susan〉에서 아주 큰 성공을 거두게 되며, 그때의 연기로 인해서 People's Choice 상을 수상하기에 이르고, 그 여세를 몰아 브로드웨이에도 본격적으로 진출하게 된다. 그녀가 나가는 뮤지컬마다 큰 성공을 거두게 되는 데, 대표적인 작품으로는 〈Cabaret〉, 〈Wonderful Town〉, 그리고 〈Chicago〉가 있다. 또한 그녀는 베스트셀러의 저자가 되기도 한다. 친숙하던 것들로부터 과감한 이별을 선언한 그녀의 대담성은, 결국 그녀 자신을 전 세계의 연예계에 대스타의 반열에 올려놓게 되는 것이다.

End Notes

"내 인생을 돌이켜보니, 나의 몸 속에는 성공을 향한 야망의 DNA 뿐만이 아니라, 위험을 기꺼이 맞이하려는 '위험 감수 형'의 DNA도 흐르고 있음을 깨닫게 되었다. 나는 언제나 자신에게 말하곤 했다. 그것이 위험이라고 분류될 수 있는 것들에게 용감하게 맞설 것이라고."

– Cathie Black

"나의 아버지는 기회를 잡는 것을 항상 두려워했다. 그래서 아버지의 인생은 늘 신통치 않았다. 아버지는 대공황시대(1930년대의 미국을 말함 – 옮긴이)의 사람이다, 그래서 항상 겁이 많다. 결과적으로 아버지는 그런 시스템에 길들여져 살았다. 그는 항상 안전 위주로 생각하고 행동했다. 나는 아버지의 실패를 늘 옆에서 지켜보았으므로 그와는 정반대로 가기로 했다. 그리고 나 자신에게 이렇게 타이르곤 했다. '그래, 내가 왜 아버지의 전철(前轍)을 밟아야 하지? 나는 기꺼이 위험을 받아들이고 그 위험 속에 있는 기회를 찾아낼 거야!' 이런 식으로 말이다."

– Bill O' Reilly

"당신이 더 큰 것을 얻으려고 한다면, 기꺼이 손해를 볼 준비가 돼 있어야 한다. 그렇지 않으면, 당신은 결코 큰 인물이 될 수 없다."

– Kay Bailey Hutchison 상원의원

"나의 성과 중 많은 것들은 위험 뒤에 찾아왔다. 내가 그런 경험을 여러 번 했기 때문에, 나는 지금도 내 앞에 그러한 위험이 있다면, 그것을 기쁜 마음으로 받아들인다."

– Peter Cincotti

날마다 연습을 통하여
실력을 키우라

큰 그림, 예를 들면, 인생의 목적이라든가, 꿈이라든가, 또는 희망 같은 것들은 물론 중요하다. 그러나 우리가 매일매일 맞닥뜨리는 것은 하루하루 우리들이 처리해야 할 시시한 일들, 예를 들면 남을 대신하고, 조직을 짜고, 뒤처리를 하고, 내 자신을 돌아보는 따위와 같은 '매일의 일과(Daily Works)' 라는 것이다. 우리가 명심해야 할 사항은 바로 이러한 사소한 날마다의 일에 최선을 다하고 도덕적으로 정직하게 임하면, 그것이 먼 장래에는 그렇지 못한 사람들과 엄청난 격차를 벌여 놓는다는 사실이다. 여기 그러한 사소한 일에 최선을 다한 사람들로부터 얻을 교훈이 있다.

"내가 생각하기에 나는 참 운이 좋았던 것 같다. 왜냐하면 나는 아주 어린 나이에 나의 능력이 상당히 제한되어 있다는 사실을 깨달았기 때문이다. 그래서 나는 사회의 각 분야마다 나보다 더 기술이 뛰어나고 실력이 있는 사람들을 찾아 그들에게 일을 시키려고 노력했다. 당신 주변에 탁월한 재능을 가진 사람들을 긁어모아라. 그리고 그들에게 기적을 만들도록 기회를 주어라. 그들의 성공의 합이 곧 당신의 성공이다."

– Sir Richard Branson

"나는 각 상황마다 무엇이 요구되는지를 알고 있다. 그리고 내가 그 일에서 어떤 역할을 하는지도 알고 있다. 그래서 나는 어떤 프로젝트의 어떤 과정이건 간에 그 일에 관계된 핵심 인물들과 항상 좋은 관계를 유지하고 있다. 나는 작은 일에까지 사사건건 간섭하지는 않는다. 그러나 최종 책임은 결국 나에게 있다는 사실을 늘 명심하고 있다. 모든 제품은 결국 내 이름으로 포장되어 나가기 때문이다."

– Donald Trump

"사업 세계에서 당신이 해야 할 일이란 다른 사람들을 신뢰하는 것이다. 믿고 맡겨라!. 내가 그들에게 대표권을 주라고 한 말의 진정한 의미는 바로 그들에게 의사결정권을 주어야 된다는 말이다. 만약에 당신이 그들의 결정에 만족할 수가 없고, 그들에게 당신의 관점을 설득할 수 없다면, 그들을 해고시키는 것이 낫다. 그러나 만약 그것이 아니라면, 당신은 그들의 결정을 존중해 주고 그들이 더욱 동기부여가 되어서 열심히 일하도록 해야 하는 것이다. 어떤 사람들이 아주 훌륭한 기술력으로 무장되어 있어서 그들이 장차 AOL(American OnLine)의 차세대 성장 동력을 개발해 낼 수 있다면, 당신은 그들에게 그 일을 맡겨야만 한다. 그리고 당신이 진짜로 해야 할 일은, 바로 그들에게 필요한 정보를 제공해 주는 것이다. 한 조직의 리더로서, 당신이 해야 할 일은 바로 그들로 하여금 100% 신뢰하고 따르도록 만드는 것이다. 그럴 때에만, 당신은 기술이나, 판매나, 프로그램에 대하여 몰라도 되는 것이다. 대신에 당신의 핵심가치를 그들 모두가 공유하도록 해야만 한다. 내가 지난 수십 년간 해 왔던 일이 바로 이렇게 팀을 만들어 주는 것이었다. 난 그들의 전문 영역을 침범하지 않으려고 노력해 왔다."

- Bob Pitman

"나는 매우 개방적인 성격의 소유자다. 내가 하고 있는 요리 분야에 대해서 상당히 많이 알고 있다고 자부하지만, 그래도 아직도 배워야 할 부분이 많이 있다는 사실도 인정한다. 나는 다른 사람들이 내게 도전해 올 때 무한한 행복감을 느낀다."

- Bobbi Flay

"나는 모든 것을 다 할 수 있다고 생각할 만큼 극단적인 자기중심성향의 사람은 아니지만, 과거에는 내가 모든 것을 다 하려고 하였다. 사실 당신이 삶에서 터득한 모든 기술이나 지식을 다른 사람에게 위임하여 관리하도록 마음먹는다는 것은 결코 쉬운 일이 아니다. 그러나 나는 어느 날, 인생이 매우 짧다는 것을 느꼈다. 그리고는 그 후부터 다른 사람들에게 나 자신을 관리하도록 맡김으로써 훨씬 더 많은 것을 이룰 수 있었다. 솔직히 고백하면, 나는 과거에 내 스스로가 모든 것을 하려고 시도하다가 오히려 많은 것을 잃었다는 사실을 뒤늦게야 알았다."

– Brooke Shields

"아주 사소한 일이 당신을 전혀 예상치 못한 방향으로 몰고 갈 수도 있다. 그러므로 자신을 잘 훈련시킨다는 건 아주 중요하다. 훈련과 습관을 통하여 자신을 조직적인 사람으로 만들어라. 나는 주위에서 매우 재능 있는 사람임에도 불구하고 전혀 자신이 관리되지 않고 있는 사람들을 보아왔다. 그 결과 그들에게는 아무도 크고 중요한 직책을 맡기려고 하지 않는다. 결국 그들의 적은 산만하고 훈련되지 못한 바로 자신이었고, 그의 습관이었던 것이다. 당신은 자신을 꾸준히 훈련해야만 한다. 그래서 아주 작은 일이라도 당신이 완전히 장악하고 있어야만 그러한 사소한 일들로 인한 실수가 큰 재앙으로 번지는 것을 사전에 방지할 수가 있는 것이다. 나는 어려서부터 이러한 훈련을 꾸준히 해 왔다. 그래서 지금은 그런 사소한 것들을 별로 힘들이지 않고 챙길 수 있게 되었고, 바로 그런 습관은 나의 제2의 천성이 되어 버렸다.

– Phil Lombardo

"나는 나 자신을 '리스트 메이커'라고 부른다. 나는 처리해야 할 일들이 너무나도 많기 때문에, 가끔씩 깜빡할 때가 있다는 사실을 잘 알고 있다. 그래서 전날 잠자리에 들기 전에, 그리고 다음 날 아침, 해야 할 일들을 항상 꼼꼼하게 수첩에 적는다."

- Kay Bailey Hutchison 상원의원

"메모를 해라. 그 말은 사실 너무나도 단순해 보인다. 그렇지만 메모야말로 이 세상에서 가장 훌륭한 일이라고 생각한다. 만약 당신이 어떤 일에 대하여 자세히 모르겠다고 생각된다면, 자꾸 메모하고 또 메모해라. 그러는 중에 디테일한 개념이 떠오를 수도 있기 때문이다."

- Preston Bailey

"당신이 어떤 사람이건 간에, 당일로 처리해야 할 일이 적어도 세 가지에서 많게는 삼십 가지는 될 것이다. 만약 그것들을 그날로 처리하지 않는다면, 언젠가는 두고두고 그것들을 해결해야만 하는 부담을 안게 되는 것이다. 그것들은 결코 저절로 없어지지 않는다. 그래서 내가 몸에 익힌 습관 하나는, 바로 내 앞에 놓여 있는 일부터, 즉시로 해 치운다는 것이다."

- Jim Cramer

"나는 방송에 종사한다. 나의 인생은 언제나 데드라인 인생이었다. 나는 어떤 일이 닥치기 전에 항상 먼저 생각하는 습관을 키웠다. 그 일들에 대하여 우선순위를 부여하는 것을 생활화하였다. 바로 그런 습관이야말로 내가 '데드라인 인생'에서 살아남은 비결인 셈이다."

– Maria Bartiromo

"나는 하루를 시작함에 있어서 준비가 되지 않은 상태로 하루를 맞은 적이 단 한번도 없었다. 우리의 일상에서 예상치 못한 일이란 늘 발생하는 법이다. 그렇기 때문에, 예상할 수 있는 일들을 철저히 미리 준비해 놓는 이런 습관은, 내가 예상하지 못한 일이 발생했을 때 그것들에 대비할 충분한 여유를 주는 것이다."

– Dr. Judith Rodin

"내가 해주고 싶은 말은 이것이다. '나무를 보느라고 숲을 지나치는 우를 범하지 말라'는 격언. 이 말은, 당장은 급하지만 단기적인 일들에만 매달려서 당신의 모든 시간을 낭비하지 말라는 이야기다. 다시 한번 강조하면, 당신의 장기적인 전략을 위해서 어느 정도의 시간을 반드시 투자하라는 말이다. 만약 당신이 정말로 열심히 일하지만, 그 방향이 어긋나 있다면, 당신은 단지 시간을 낭비하는 것 외에 아무것도 하는 게 없는 셈이 되기 때문이다."

– Dr. Mehmed Oz

"순수한 윤리는 사업에 있어서 매우 중요하다. 당신의 명성이란 바로 당신의 상표이다. 당신의 명성은 바로 당신 자신이다. 양심의 소리에 따라서 행동하는 것이 매우 중요하다. 만약 다음날 아침에 일어나서 전날의 비즈니스 협상에 대하여 생각해 볼 때에 마음이 편치 않다면, 전날의 그 행동은 잘못 된 것이다. 결국은 하루하루의 충실한 삶이 당신의 명성을 쌓아 올리는 것이다. 마치 벽돌을 쌓듯이."

- J. seph Abboud

"어떠한 파괴적이고 절망적인 사업 환경에 처해 있더라도, 자신만이 갖고 있는 핵심가치를 소중히 지켜야 한다. 그것은 당신이 뉴욕의 월스트리트에서 일하건, 홍콩의 골드만삭스 투자회사에서 일하건 마찬가지이다. 그 핵심가치를 굳건히 지키는 한, 당신은 아무리 어려운 여건 속에서라도 반드시 승리할 것이다. 그리고 결국 살아남을 것이다."

- Joy Behar

"나의 전 인생을 통하여, 가장 중요한 핵심가치는 '정직함'이었다. 나는 어렸을 때부터 절대로 남을 속이지 말라는 교훈을 받으면서 자랐다. 철저한 정직함은 삶을 아주 단순하게 만들어 준다. 단순하게 살고 싶지 않은가?"

- Diane von Furstenberg

"수십 번의 이메일을 보내기보다는 차라리 한번 사무실 밖으로 걸어 나가서 사람들을 만나 차를 한잔 하면서 이야기해라. 얼굴과 얼굴을 맞대고 말이다."

– Cathie Black

"나의 부모님은 내게 언제나 좋은 사람이 되라고 말씀하셨다. 그러면 나중에 설사 법정에 가는 일이 있더라도 나의 그 행위가 모든 것을 변호해 줄 거라고 하시면서. 부모님의 그 가르침이 바로 내가 많은 팬을 확보하고 있는 비결이라고 생각한다. 나는 상대 선수를 대할 때도 존경심을 갖고 대한다. 볼 보이를 (원문에서는 Ball Kids –옮긴이) 대할 때나, 심판을 대할 때나, 팬들을 만날 때도 역시 마찬가지이다. 상대방을 항상 소중히 생각한다는 것, 역시 나의 부모님이 옳으셨다고 생각한다."

– James Blake

"어떤 일을 하건, 어떤 상황에 있건, 상대방의 품위를 손상치 않도록 주의하라. 사람들을 향해 소리치거나 손가락질 하지 말고, 바보라던가 멍청이 같은 말도 절대로 하지 말라. 윗사람이 되어 있을 경우에는 특히 더 신경을 써야 한다. 그러나 현실에선 그렇게 행동하기가 힘들다. 바로 그것이 악마의 유혹이다."

– Bob Pitman

이번에는 나의 이야기를 하겠다.

아주 옛날, 1970년대에는 내가 파티를 한 번 주선하고 나면, 한 주일이 되지 못해서 정말 거짓말 좀 보태서, 한 트럭이나 되는 감사편지를 받았다. 최근에는 수십 명을 초대해도 고작 두세 통의 감사편지가 메일함에 들어 있을 뿐이다. 아마도 당신은 그 파티가 별로였다고 생각할 수도 있을 것이다. 그러나 나는 사람들이 감사편지 쓰는 것을 귀찮게 생각한다는 게 바로 정답이라고 생각한다. 바로 이러한 때에, Thank-You Letter를 쓰는 것을 생활화하고 산다면, 당신은 분명 탁월한 사람이 될 것이다.

사업상 만난 사람이나 공적인 모임에서 또는 사적인 모임에서 만난 지인들에게 Thank-You Letter를 쓴다는 것은 일단 습관만 된다면 별로 어려운 게 아니다. 먼저 예쁜 카드를 여러 가지 모양으로 수십 장 사라. 그런 후 당신이 어떤 은혜를 입었거나 대접을 받은 사람에게 24시간 이내에 그중 하나를 골라서 그 위에 간단하게 한두 줄, 당신의 정성을 담아 쓰는 것이다. 내용을 쓰고 주소를 쓰고 봉투를 봉하고 우체통에 넣는 데 몇 분이나 걸릴까? 그리고는 잊어버려라. 일단 습관만 되면, 그 결과는 정말 당신의 상상을 초월한다.

제 4 부

성공 앞에 놓여있는 장애물들

66

믿기 어렵겠지만, 인생의 출발선상에서
우리들이 꿈꾸는 목적지로 직행하는 사람은
아무도 없다는 사실을 명심하기 바란다.

99

— Bill Boggs(미국 NBC-TV 토크쇼 진행자) —

15

두려움과 불안감에
과감하게 맞서라

우리들 모두의 마음 속 저 깊은 곳에서 늘 들려오는 목소리가 있다. 그 목소리는 조용히 속삭인다.

"너는 아직 멀었어… 넌 결코 할 수 없어… 감히 네가 그걸?"

그 속삭임들은 우리를 끊임없는 불안 속으로 몰아넣고 우리 자신을 스스로 의심하게 한다. 대부분의 성공하는 사람들은 그런 말에 귀를 기울이지 아니한다. 그 이유는, 그들은 자신들의 경험을 통하여 바로 그런 내부의 유혹이야말로 어떤 긍정적인 결과도 창출해내지 못한다는 사실을 깨달았기 때문이다. 그렇지만 성공적인 삶을 산 사람들조차도 때때로 어떤 불안감을 느낀다는 사실을 알게 된다면, 우리는 그러한 사실로부터 다소나마 위안을 얻게 될 것이다.

흥미롭게도 나는 인터뷰했던 많은 사람들이 두 부류로 나뉘어 진다는 사실을 발견했다. 즉, 한 부류는 그것을 즉각 부정하고 찍어 누르고 날려 버리는가 하면, 또 다른 부류는 그것을 내부의 자기조절 장치로 받아들이면서 환영한다는 사실이다. 그들이 그러한 불안감이나 두려움을 어떻게 극복하고 대처했는지를 읽게 된다면, 당신에게도 많은 도움이 될 것이다. 성공의 앞길에 놓여있는 장애물들을 최소한으로 줄이는 첩경(捷勁)은 바로 우리들 내부에 숨어있는 불안감과 두려움을 날려 버리는 것이다.

"내가 생각하기에, 두려움과 불안감을 극복하는 가장 좋은 방법은 누구나 다 그러한 감정들을 가지고 있다고 생각하는 것입니다."

앤나 퀸들런은 계속해서 말했다.

"그런 마음을 가지고 있지 않은 사람은 한 명도 없지요. 단지 차이라면, 어떤 사람들은 그것을 드러내놓고 말하는가 하면, 다른 사람들은 그것을 숨기는 차이라고나 할까요? 두려움이나 불안감이 없는 사람은 정상이 아니라고 봐야죠. 왜냐하면 그런 사람들이야말로 자신의 감정을 솔직히 표현하지 못하는 사람들이기 때문이죠. 이렇게 이야기함으로써 다음 단계로 자연스럽게 발전해 나갈 수 있지 않을까요? '자, 여기 내가 감당하기 어려운 문제가 있네… 그렇지만 혹시 누가 알아? 내가 그것을 해 낼 수 있을지도 모르지.' 이렇게 말이죠."

그녀는 자신의 경험담을 이렇게 이야기 했다.

"아마도 그게 내 나이 40대쯤이었던 것 같아요. 내 마음 속에는 큰 근심과 걱정, 두려운 마음이 있었죠. 그때 나는 자신에게 이렇게 타일렀답니다. '그래, 높은 자리에 있고 영향력 있는 사람들도 다 나처럼 이런 두려운 마음을 갖고 있는 거야.' 이런 생각을 하는 순간 그 두렵고 떨리던 마음이 진정되고 그 위기를 무난히 넘길 수 있었지요."

그녀는 다음의 짧은 말로 결론을 대신했다.

"우리들 삶에 있어서 잘못된 대부분의 결정들은 우리가 두려운 마음을 갖고 있을 때 나온다고 보면 틀림없어요."

● ● ●

오랜 기간 학업과 임상연구를 통하여 인간의 심리상태를 연구한 펜실배니아 대학교의 총장인 쥬디스 로딘 박사도 앤너 퀸들런의 주장에 적극적으로 동의하였다.

로딘 박사는 말했다.

"학생들은 사람들이 다 그런 감정을 갖고 있다는 사실을 좀처럼 인정하려 들지 않아요. 그래서 내가 그들에게 해 주는 첫번째 말은, 이 교실에 있는 학생들 모두가 그런 불안한 마음을 갖고 있다는 사실을 강조하는 겁니다. '나 자신을 바보라고 느끼는 사람은 나 혼자밖에 없을 거야.' 또는 '내가 멍청이라는 사실이 아마 곧 알려지고 말걸?' 바로 이런 두려움이죠."

로딘 박사는 박사학위를 소지한 자신조차도 그런 불안감을 갖고 있다고 말했다.

"나는 대학원에 잘 가지 않아요. 우리 대학의 많은 교수들이 날 보고 왜 대학원에 가서 학생들에게 좋은 말씀도 해주시지 그러느냐고 말하곤 하지만, 나는 좀처럼 대학원에 가질 않아요. 그 이유는 솔직히, 나도 내 마음속에서 속삭이는 불안감을 떨쳐 버릴 수가 없기 때문이죠. '나는 그들이 생각하는 것만큼 훌륭한 사람이 못 돼.'라든가 '나는 내 스스로가 창조적인 생각을 가져본 적도 없어. 그런 내가 어떻게 박사가 됐지?' 이런 식의 불안감 말입니다."

여러분, 놀랍지 않은가? 미국동부의 소위 명문대학들만 모여 있다는 아이비리크에서 첫번째로 여성 대학총장이 되었다고 하여 세간의 화제가 되었던 유명인사의 입에서 이런 말이 나온다는 사실이! 더구나 펜실배니아 대학을 최고 상위의 대학으로 끌어올려 놓은 혁혁한 공로를 뒤로하고, 지금은 미국 최대의 자선기부 단체인 록펠러재단의 재단이사장의 자리에 있는 사람이 그런 솔직한 고백을 했다는 사실 말이다.

● ● ● ●

제프 루리에는 자신의 머리 속에 있는 그런 부정적인 생각들을 비교적 잘 처리하고 있는 사람처럼 보였다. 그는 그런 불안감을 정복할 대상이거나 무시하려고 하는 것이 아니라, 그저 하나의 감정으로 생각하면서 지낸다고 했다.

"내 생각에는 그런 불안감을 그냥 정상적인 감정 중 하나라고 솔직하게 인정하는 게 좋다고 봅니다. 어느 누구에게나 정도의 차이는 있지만, 그런 불안감이 있는 것은 사실이지요. 문제는 그것을 극복하고 뿌리 뽑아야 할 대상으로 삼느냐, 아니면 그런 감정들과 친하게 지내느냐 하는 거지요."

그는 결론적으로 이렇게 말했다.

"나는 그런 감정들이 그냥 인간 본성 중 하나라고 생각합니다."

앤너 퀸들런과 마찬가지로, 밥 피트먼도 그런 감정을 환영한다고 말했다.

"나는 그런 감정을 한쪽으로 밀쳐내지 않아요."

그가 말했다.

"나는 그런 감정은 바로 내 친구라고 생각합니다. 나는 끊임없이 나 자신을 의심하는 사람입니다. 내가 결정한 결심을 놓고는 과연 이게 잘한 결정인가 하고 의심하곤 합니다. 만약 당신도 자신이 내린 결정들을 가만히 놓고 보면, 그것들 중 절반 정도는 잘못된 결정이라는 것을 알게 될 겁니다. '자기의심'이라는 감정은 그런 잘못된 결정들을 바로 잡아주는 효과가 있지요. 한번 내린 결정도 다시 한번 곰곰이 생각하면서 심사숙고하게 만드는 겁니다. 우리 조직 내에도 그렇게 반대의견을 묵살하려고 하는 사람들이 많이 있어요. 그러나 올바른 해결책을 도출하기 위해서는 그러한 반대의견이나 부정적인 생각도 경청해야만 합니다. 그 옛날 존 에프 케네디 대통령이 한 유명한 말이 있지요."

그는 말을 계속해 나갔다.

"그는 1960년대 말까지 인간을 달에 보내겠다고 선언했습니다. 그는 사실 그런 발표를 할 때까지도 구체적인 계획이 없었지요. 단지 그의 머릿속에는 소련(현재의 러시아 + 그 주변국들 —옮긴이)을 따라잡고 소련과의 경쟁에서 이겨야 한다는 집념뿐이었으니까요. 그러자 사람들이 곧바로 반대의견을 내놓았지요. '당신은 인간을 달에 보낼 수 없습니다.' 그러자 케네디 대통령은 곧바로 응수했지요. '정말요? 왜 안 됩니까?' 그들은 로케트의 연료를 개발해 낼 기술이 부족하다거나, 달까지 유도할 항법장치가 없다거나 하면서 안 되는 이유들을 나열했습니다. 그러자 케네디 대통령은 그들이 지적한 안 되는 사유들을 모두 리스트로 만들었습니다. 그리고는 이렇게 말했지요. '그렇다면 이것들만 준비하면 된다는 말이군요!' 간단히 말하면, 결국은 그 부정적인 생각을 갖고 있던 사람들이 달나라까지 인간을 보내는데 필요한 자료를 제공해 준 결과가 된 셈이었죠."

그의 결론은 이렇다.

"머리 속에 떠오르는 생각을, 비록 그것이 부정적인 생각이거나 두려움일지라도, 결코 지워버리려고 하지 마세요. 어쩌면 그것들은 당신을 다음 단계로 이끌기 위한 전주곡일지도 모르니까요."

　　마리아 바르티로모도 TV 앞에 설 때는 종종 그런 두려운 마음이 든다고 했다.

　　"두려운 마음이 든다면, 먼저 조용히 생각해 보세요. 나를 두렵게 만드는 사람이 누구인지, 또는 그런 감정이 들게 하는 것이 어떤 것인지 말입니다. 그리고는 그런 사람이나 사건으로부터 당신이 얻을 수 있는 것이 무엇인지를 곰곰이 계산해 보는 겁니다. 물론 그런다고 해서 그 불안한 마음이 없어지지는 않을 겁니다. 그러나 한 2주 정도 지나서 생각해 보면, 당신은 자신에게 이렇게 말하고 있을 겁니다. '아하, 나는 이번 일을 통해서 이러이러한 것을 배웠어.' 이게 바로 첫번째 교훈이죠. 두 번째는, 당신이 지금까지 이룩한 수많은 성공을 기억하라는 겁니다. 그러면서 이렇게 자신에게 말해보는 거예요. '그래, 지금 이런 두려움이 내 발목을 잡지만, 결코 떨건 없지. 난 지난 주에도 그 일을 멋지게 해 냈잖아?' 이렇게 말이죠."

　　마리아 같이 유명한 앵커우먼도 사람들 앞에서 두려움을 갖는다는 사실을 알고 나면 아마 깜짝 놀랄 것이다. 지금도 그녀는 생방송에 임하면 두렵고 떨린다고 했다. 그녀의 코치가 언젠가 그녀에게 해 준 유명한 충고가 있다고 해서 소개한다.

　　"마리아, 당신은 두려워 할 것 없어요. 그럴 때면 얼마나 고생고생하면서 여기까지 올라왔는지를 생각하세요. 그리고 이 앞에 있는 청중들은 마리아를 좋아하는 사람들이라는 사실을 기억하세요. 그들은 당신의 결점을 찾아내기 위해서 여기 모인 게 아니라 당신에게 박수를 보내기 위해서 여기 이렇게 기다리고 있는 거라고요."

• • • •

　의심이 창조적 과정이라면 그것은 어느 곳에서든지 일어나게 마련이다.

　음악가인 피터 신코티는 그러한 부정적인 소리를 자신의 예술적인 노력이 정상적인 항로를 이탈하고 있다는 경고신호로 받아들인다고 했다.

　"때때로 의심은 좋은 것일 수도 있어요. 그것은 당신이 지금까지 옳다고 생각했던 것들에 대해서 다시 한번 생각하게 해 주기도 하고요, 그리고 우리의 계획을 좀더 좋은 방향으로 이끌어 주기도 하지요."

　그는 그 이유를 다음과 같이 설명해 주었다.

　"음악을 다시 만든다는 건 언제나 선택의 문제이지요. 다시 쓴 음악에 만족할 수도 있지만, 때로는 자신의 첫 작품을 완벽하다고 느끼기도 하지요."

　이 영리한 젊은이가 우리들에게 들려주는 교훈은 이렇다.

　"제 생각에는 의심과 자기 확신의 두 갈래 길에서 중심을 잡는다는 게 중요하다고 봅니다. 그 둘 중에 어느 한 곳으로 치우치게 되면, 우리의 창작품은 완벽하지 못할 수도 있죠."

바비 프레이는 자신의 영역에 관계된 일이라면 모든 것을 100% 완벽하게 알아야만 한다는 강박관념에서 초월한 사람같이 보였다.

"처음에는 그런 사실을 숨겼었죠."

내가 바비에게 어떻게 불안한 마음을 처리하느냐고 물었을 때, 그는 솔직히 자신의 심정을 표현하였다.

"다른 사람들에게 나의 그런 감정을 숨기며 행동했어요. 마치 모든 것을 다 아는 것처럼 말이죠. 그러나 이제는 그렇게 행동하지 않아요."

"내게 그런 경험을 이야기해 주지 않으시겠습니까?"

내가 물었다.

"예, 내가 경험한 아주 일반적인 일을 말씀해 드리죠. 사실 나는 빵에 관한 한 문외한(門外漢)입니다. 그렇지만 우리가 처음 메사 그릴을 오픈 했을 때, 나는 이 식당에 관한 한 내가 주방장인데 내가 모르는 일이 있으면 안 된다는 강박관념에 사로잡혀 있었죠. 그런데 당시 나의 불안감은 제빵에 관한 것이었지요. 사실은 그쪽 분야를 전혀 몰랐거든요. 요리가 과학인 것처럼, 제빵도 일종의 과학임에는 틀림없지요. 내가 그 분야에 대하여 모른다는 사실이 나를 끈질기게 괴롭혔어요. 그러던 어느 날, 나는 내가 그것을 모른다는 사실을 솔직히 시인했지요. 그리고는 제빵 책임자를 고용하고 그에게 이렇게 말했어요. '이봐요, 이건 내 일이 아닌 것 같아요. 이쪽 분야가 어떻게 돌아가는지를 모르거든요. 나는 이제 당신에게 내가 좋아하는 것과 싫어하는 것만 이야기하겠어요. 그 밖의 일은 모두 당신이 알아서 하세요.' 이렇게 해서 나는 모르는 것을 과감하게 다른 사람에게 넘겼지요. 물론 그 사람은 그 분야의 전문가고요."

요리분야의 탁월한 전문가인 바비 프레이가 우리들에게 들려주는 충고는 이렇다.

"당신이 모르는 것을 구태여 꿰어 차고 앉아서 고민하고 불안해할 필요가 없다는 겁니다. 그 일은 전문가에게 맡기고 당신은 자신이 잘하는 일을 하세요. 그것이 쓸데없는 불안감에서 해방되는 지름길입니다."

● · · ·

브룩 실즈는 끊임없이 일어나는 불안감을 감추기 위해 자신의 감정을 내부로 집중하는 훈련을 해왔노라고 고백했다.

"밖의 세계를 보거나 나를 다른 사람들과 비교하면 할수록, 내 자신이 점점 초라해 지는 겁니다. 그때 이런 생각을 했지요. '아, 어쩌면 나는 저 일을 했어야 했는데…' 지금 생각하면 그건 참 어린애 같은 생각이었죠. 그런 불안감은 마치 소용돌이가 일어나듯 나를 끊임없이 괴롭혔어요."

그녀는 그런 감정을 극복하게 된 과정을 어느 여배우와의 이야기를 들려주면서 설명하였다. 그 유명한 여배우의 이름만큼은 밝히기를 꺼려했다. 브룩이 말하는 그 은막(銀幕)의 여왕은 그녀와 함께 있는 것을 즐겨했다고 한다. 그래서 그녀는 기회가 될 때마다 브룩 쉴즈를 파티에 초대하고 자기의 친구들에게 소개해 주곤 하였다. 그들과 함께할 때마다 브룩은 자신이 너무나 초라한 것 같아서 끝없는 불안감의 소용돌이 속에 빠지곤 했다.

"그 대선배의 앞에만 가면 입이 얼어붙어서 단 한마디도 나오지를 않는 거예요. 그래서 나 자신에게 끊임없이 속삭였죠. '이 선배가 나를 이렇게 초대해 준 것은 나를 좋아하기 때문이야. 절대로 나를 저 사람들과 비교하지 말자. 나는 절대로 저들보다 못하지 않다.' 이렇게 말이죠. 어느 날 또 다시 모였는데, 그 모임은 나를 포함해서 모두 다섯 명이었어요. 그날도 나는 절대로 그들과 나를 비교하지 않겠다고 했죠. 바로 그때 모임 중에 한 명이 그 대선배 언니에게 혹시 누구에게 질투를 느껴 본 적이 있느냐고 묻는 거예요. 그랬더니 그 언니가 하시는 말씀이 정말 나를 깜짝 놀라게 했어요. '내가 하는 역할이라고 해서 특별할 것도 없어. 누구든지 다 할 수 있는 역할이니까. 오히려 내 생각에는, 여기 있는 애가 내 역할을 한다면 나보다 훨씬 더 잘할 수도 있을 거야.' 그 대선배 언니의 입에서 이런 말이 나오리라고는 정말 꿈에도 생각하지 못했어요. 나는 나 자신에게 이렇게 말했죠. '대선배 언니가 나를 부러워하고 있었다니 말도 안돼!' 바로 그 말이 평생 나에게 자신감을 심어 주었어요. 그때 나는 깨달은 거죠. '아무리 유명한 사람이라도 그렇게 자신감을 갖지 못하면서 살고 있구나.' 하는 사실을 말입니다."

내가 한마디로 요약해 달라고 하자 그녀는 자신의 경험을 이렇게
압축했다.

"바로 그거라니까요. 우리는 어느 누구보다 결코 더 잘나지도, 더
뛰어나지도 않다는 진리 말이에요."

스트레스를 극복하는
방법을 배우라

스트레스란 매우 주관적인 것이다. 성공을 원한다면 반드시 스트레스를 관리하는 방법을 터득해야만 한다. 그 이유는 그것이 우리들의 인생이나 건강에 너무나도 많은 영향을 미치기 때문이다.

스트레스를 관리하는 것은 아직도 내게는 현재 진행형인 과제 중의 하나이다.

나는 뉴욕에서 삼십 년을 살아왔는데, 뉴욕은 그 자체로 하나의 스트레스 엔진이자 또 그것을 연구하는 실험실이기도 하다. 언제 어디서나 주위를 살펴보면, 평범한 사람이건 성공한 사람이건, 긴장하고 난폭하고 거친 행동을 하는 것을 볼 수 있을 것이다.

여기에 한 예가 있다. 어느 날 나는 퇴근을 하여 집에까지 거의 다 왔다. 우리 아파트의 엘리베이터를 한 10여 발짝쯤 남겨 놓고 있었는데, 엘리베이터 안에 있던 어느 여자가 미친 듯이 소리치는 것이 아닌가?

"당신을 기다릴 수 없어요. 난 급하단 말이에요!"

나는 급히 뛰어갔으나 엘리베이터 문은 바로 내 코앞에서 닫혔다. 내가 엘리베이터에 탔어도 한 1초나 2초밖에는 더 걸리지 않았을 것이다. 그녀는 마치 스트레스가 절정에 달한 사이코처럼 행동했다. 나는 그날 적지 않은 스트레스를 받았다. 내가 그 날 그 순간에 똑같은 상황에서, 달라이 라마가 행동하듯이 할 수는 없었을까? 천천히 걷는 것을 즐기며, 엘리베이터의 문에 새겨진 문양을 감상하며…… 그러나 나는 그렇게 하지 못했다.

몇 년 전에 나는 요가를 배우기 위해서 학원에 등록한 적이 있었다. 그때 배운 것 중 하나는 단전호흡이었는데, 그것은 아주 깊게 코를 통해서 숨을 들이쉰 다음, 들이쉰 숨을 다시 입을 통해서 훨씬 더 천천히 내쉬는 연습이었다. 숨을 내쉴 때는 나의 긴장도 함께 내 뿜는 연습을 했다. 그렇게 숨쉬기를 서너 차례 반복하면, 맥박이 어느 정도 느슨해지는 것을 느낄 수 있었다. 학원의 강사는 내게 가능하면, 눈을 감고 즐거웠던 순간을 떠올리면서 숨을 내 쉬라고 조언했다. 나는 내가 가장 좋아하는 휴양지인 산타루치아 비치의 호텔에 묵으면서, 해변가에 나가서 억새풀 지붕 아래 앉아 먼 바다를 바라보고 있는 나의 모습을 머릿속에 그려 보았다. 멀리는 가물가물 수평선이 보이고, 푸른 바닷가를 요트들이 평화롭게 미끄러지고, 하얀 갈매기들이 한가롭게 날아다니는 곳, 그 위로 밝은 햇살이 눈부시고… 어떤 날은 나의 어린 시절을 떠올렸다. 나는 집

근처의 공원에 있다. 우리들은 공을 가지고 놀고 있는데, 스티브는 내가 던진 공을 놓쳐서 멀리까지 주우러 뛰어간다…

이러한 짧은 순간의 '추억 더듬기' 는 나를 괴롭히던 현실의 세계에서부터 멀리 평화로운 세계로 인도해 준다. 이런 통찰력을 발견하는 것은 우리들의 스트레스를 이완시키는 데 큰 도움을 주는 것임에 틀림없다. 숨을 깊이 쉬라, 천천히 내쉬어라, 그리고 당신의 과거 아름답던 추억을 떠올려라. 마치 한 편의 영화를 보는 듯한 착각에 빠져라.

● ● ●

긴장된 순간에서 어떤 사람들은 보통 사람들과는 정반대의 행동을 하는 경우도 있다. 그 상황에 뛰어 들어가서 공격적으로 대항하기보다는, 오히려 뒤로 물러나서 조용히 시간을 갖고 그 긴장된 순간의 여파가 가라앉기를 기다린다. LA 경찰국장인 빌 브래튼은 어마어마하게 큰 조직을 운영하는 사람이다. 그는 스트레스에 대처하는 방식에 관한 한 달인(達人)의 경지에 있다고 할 만한 사람이다.

"나는 위기 상황이 발생하면, 소리를 지른다거나 서류를 집어던진다거나 책상을 두드리는 따위의 행동은 하지 않는다. 만약 그런 상황이 있을 경우, 나는 조용히 생각에 잠기는 스타일이다. 아마도 그 때의 내 심장 박동수는 평소보다도 오히려 더 낮을 것이다. 나는 스트레스를 주는 문제의 처리에 몰두하는 것이 아니라, 그런 상

황으로부터 어떻게 하면 다른 몇 가지의 긍정적인 결과를 창출해
낼 수 있느냐를 연구한다. 다른 말로 하면, 우리는 어떻게 하면 부
정적인 사건을 긍정적인 결과로 유도하느냐를 늘 염두에 두고 살아
야 한다는 것이다. 나는 그런 부정적인 상황을 갖고 온 부하직원을
향해 소리치거나 면박을 주지 않는다. 만약 그렇게 할 경우, 다음부
터 그 직원은 그런 문제를 아예 내게 갖고 오지 않으려고 할 것이
며, 결국 조직의 의사소통에 있어서 동맥경화 현상을 유발시킬 것
이기 때문이다."

End Notes

"때때로 나도 스트레스를 받는다. 그럴 때면 나는 주변의 친구들이나 조언자들을 부른다. 그들과 이야기하면서 의견을 교환하고 웃고, 그러면 자연스레 그로 인한 긴장이 이완되는 것을 느낀다."

– Ferederic Fekkai

"나는 잠을 많이 잔다. 잠이야말로 아주 중요하다. 잠이 모자라면 많은 스트레스를 받는다. 수면의 부족으로 인하여 오는 스트레스를 사람들은 술을 통하여서 해소하기도 하는데, 그것이야말로 독약이다. 나는 스트레스를 잠으로 풀지만, 다른 사람들에게는 운동경기나 영화 관람이나 독서를 통해서 스트레스를 해소시키는 방법도 권하고 싶다."

– Bill O' Reilly

"나이를 먹어갈수록 스트레스를 관리하기가 훨씬 더 쉬워진다는 것을 저도 이제 조금씩 알게 되었어요. 어떤 나쁜 상황이 발생하면, 사실은 그 결과는 우리들이 걱정하고 예상했던 것만큼 그렇게 나쁘게 진행되지는 않는다는 사실 말입니다."

– Renee Zellweger

"나는 별로 스트레스를 느끼지 않으면서 살아가는 편이다. 늘 바쁜 스케줄에 쫓기며 살다보니까, 그런 상황이 내게 언제나 활력을 주는 것 같다. 내 생각에는 사람들이 스트레스를 받는다는 것은, 아마도 하루의 일과 중에서 어떤 문제에 충분히 대비를 하지 못했을 때 오는 게 아닌가 싶다. 나는, 문제란 언제 어느 곳에서든지 발생할 수 있는 것이라고 생각하며 살아가고 있다. 당신도 이런 자세로 산다면 스트레스의 상당부분을 줄일 수 있지 않을까?"

– Donald Trumph

17

실수와 실패를
기꺼이 받아들이라

내가 이 책을 준비하는 과정에서 배운 교훈 중 지금도 나를 가슴 뛰게 만드는 것은, 바로 실패의 값어치에 관한 것이다. 실패는 우리들 인생의 경력을 개발하는 과정에서 만나는 아주 자연스럽고 결코 피할 수 없는 하나의 과정이라는 것을 잘 안다. 그러나 우리는 기꺼이 실패를 용인해야만 한다는 생각에는 아직까지도 동의하지 못하고 있다. 즉, 우리가 성장을 원한다면 실패조차도 끌어안을 수 있어야 한다는 주장 말이다.

만약 당신이 다음의 이야기들로부터 '누구나 실수할 수 있다'는 사실 이외에 아무런 교훈도 얻을 수 없다 해도 나는 개의치 않겠다. '한 번도 실수를 하지 않았다는 말은, 새로운 것에 도전을 해 보지 않았다는 말이나 마찬가지다.' 라고 말한 밥 피트먼의 교훈을 생각해 보자. 문제의 핵심은, 우리가 어떻게 하면 실패를 피할 수 있느냐 하는 것이 아니라, 어떻게 하면 그 실패에서 얻은 교훈을 다음 번의 새로운 시도에서 합산하여, 더 강해질 수 있도록 만드느냐 하는 데 있는 것이다.

● ● ●

　뉴욕 양키스의 감독인 조 토레는 끊임없이 1초를 쪼개는 의사결정을 하면서 살고 있다. 이번 게임에 누구를 집어넣을까? 누구를 주자로 내세울까? 투수를 언제 교체해야 하나?… 한 경기에서 행하는 그의 수많은 선택들은 단지 두 가지 결과만을 가져온다, 승리 아니면 패배! 만약 그의 사인이 맞으면, 그의 팀은 승리를 할 것이고, 그는 영웅이 된다. 만약 그의 작전이 통하지 않는다면, 그는 수많은 팬들로부터 운동장이 떠나갈 듯한 야유를 받을 것이고 매스컴으로부터는 폭탄세례를 받게 될 것이다.

　이러한 압력에도 불구하고, 그는 항상 평온을 유지한다. 그는 결과가 좋다고 해서 공중에 붕 뜨지도 않을 뿐더러, 그 반대라고 해서 침울해 하지도 않는다. 그는 자신이 실수를 했다고 해서 자기 자신을 질책하지도 않는다. 사실, 조의 머리 속에는 '실수'란 말 자체가 존재하지 않는지도 모른다. 그가 우리들에게 들려주는 이야기는 리더십의 정수(精髓)라고 불러도 전혀 손색이 없는 아주 훌륭한 교훈이다.

　"원아웃 상황에서 타자는 3루에 있다. 우리 팀은 어떻게 해서든지 한 점을 만들어야 한다. 이럴 경우, 내가 그날 가장 잘 칠 것 같은 핀치히터를 내보냈다고 치자. 모든 관중들이 환호한다. 그가 방망이를 휘둘렀다. 결과는 어이없게도 더블 플레이! 이런 경우, 나의 선택은 잘못된 것인가? 보통 사람들은 그렇게 말할 것이고 관중들은 내게 야유를 보낼 것이다. 그러나 내가 말하는 결과는 '아니올시다' 이다. 내게 그렇게 말하는 사람들은 마치 경마에서 '2등 말이 아니라 1등 말에게 베팅을 했어야 했는데…' 라고 후회하는 사람들과도 같다. 당신이 모든 가능한 정보를 종합하고 상황을 판단하여 행동했다면, 그것이 곧 최선인 것이다. 최선의 결정을 놓고 성공 실패를 논한다는 것은, 자칫 그 다음의 결정에서도 자신감을 잃게 만드는 결과를 초래하는 아주 위험한 짓이다. 우리가 어느 하나의 결과에 일희일비(一喜一悲)하지 말아야 하는 이유가 바로 여기에 있는 것이다."

그는 우리에게 다시 한번 자기의 철학을 강조한다.

"나는 나 자신은 물론, 나의 팀원들 어느 누구에게도, 언덕 꼭대기도 허용하지 않을 뿐더러 계곡 골짜기 또한 허용하지 않는다. 왜냐하면 바로 우리들에게는 지나친 기쁨도 지나친 침울함만큼이나 위험한 감정이기 때문이다. 바로 그 양극단(兩極端)을 제거하고 평형 상태를 유지하는 것이 내가 해야 할 일인 것이다."

● ● ●

수십억 달러의 재산가인 리차드 브랜슨 경처럼 수준 높은 경영을 하고자 한다면, 당신은 실수를 받아들이려는 마음가짐이 되어 있어야만 한다.

브랜슨 경과 나는 어느 추운 겨울 날 맨하탄의 한 호텔에서 만났다. 7개국을 돌아다니면서 그룹의 경영상태를 확인하고 종업원들을 격려하고 돌아오는 길이어서 몹시 피곤한 상태였지만, 그럼에도 불구하고 그의 영화배우 같은 표정이나 환한 미소는 여전했다. 그는 60을 바라보는 나이임에도 불구하고, 아직도 모험을 즐기며 극단적인 운동을 즐겨하는 편이라서 세계 언론에 끊임없이 가십거리를 제공하곤 한다. 1985년에는 대서양을 보트로 건너려고 시도했으며 (그 보트는 대서양을 다 건너기 바로 직전에 가라앉고 말았다), 열기구를 타고 지구를 한바퀴 돌려는 시도를 하였으며 (이것 역시도 막판에 바다에 추락하고 말았지만), 그는 아직도 이런 시도들을 실패라고 부르지 않고 '미완의 성공'이라고 말한다.

"나는 이상하게도 좌절이란 감정을 좀처럼 느껴보지 못했다."

그는 자신의 심경을 이렇게 고백했다.

"내가 성공했다거나, 가장 빠르다거나 하는 것들로부터 금메달을 받지 못했다는 사실은 별로 중요하지가 않다. 정작 중요한 것은 아무도 시도해보지 않았던 일을 스스로가 해 본다거나, 또는 동료들과 함께 참여해 본다는 사실, 그 자체가 중요한 것이다. 이것은 인류의 발전에 기여하는 일이기도 하다."

브랜슨 경은 자신의 이러한 끊임없는 도전정신이 어디서 나왔을

까를 곰곰이 생각해 보았다고 한다.

"나는 다른 사람들처럼 한 번 실패했다고 그것을 두고두고 후회하는 그런 사람이 아니다. 오히려 새로운 것을 창조하려고 시도하면서, 나만이 느낄 수 있는 스릴 같은 것에 매료되는 사람이다. 그 일은 틀림없이 성공하리라고 확신하고, 나의 모든 것을 다 바쳐 시도했음에도 불구하고, 그 일이 제대로 되지 않았다면, 나는 그것에 더 이상 집착하지 않고 곧바로 나 자신을 추슬러서 다른 시도를 해 보는 스타일이다. 이런 정신이 중요하다고 본다. 당신이 인생에서 어떤 꿈을 가지고 있건 간에, 인생은 늘 성공과 실패가 교차하는 것이기 때문이다. 어느 하나에 너무 집착할 필요가 없다는 말이다."

리차드 브랜슨 경의 다음 목표는 2008년 하반기부터 우주에 여행객들을 1인당 1억 원 정도의 요금으로 다녀오도록 하는, 여행 신상품을 개발하는 것이다. 이 여행 패키지에는 벌써 1천명 가까운 사람들이 모든 경비를 선불하고 자신들의 차례를 기다리고 있는 중이다. 그의 우주여행 프로그램이 성공할지는 두고 볼 일이지만, 성공이나 실패의 여부를 떠나서, 내가 다시 그를 인터뷰할 기회가 있으면 아마도 그는 분명, '그것은 시도해 볼 만한 가치가 있었어!' 라고 웃으면서 나타날 것이다.

● ● ● ●

어떤 일을 100% 정확히 준비하고 수행하였다고 하더라도, 당신의 영역 밖에 있는 어떤 알 수 없는 힘에 의해서 그 일이 실패로 끝날 수도 있고, 망연자실해서 실패와 좌절의 늪 속에 빠져 있을 때도 있을 것이다.

쥬디스 로딘 박사의 젊은 시절이 그랬다. 그녀가 콜롬비아 대학의 대학원생이었을 때, 학교 내에서 폭동이 일어났다. 그녀의 연구과제는 동물실험을 중심으로 한 것이었는데, 연구결과물과 실험동물들은 모두 대학교 내의 수의학관 건물 지하에 있었다. 학생들은 이 건물마저도 점령하고 바리케이드를 쳐서 어느 누구도 출입시키지 않았다. 그녀는 학생들을 설득하여 동물들이 굶주림으로 인하여 죽지 않도록 보살피고자 했으나 학생들은 완강하게 거절했다. 로딘 박사는 학생들 입장을 어느 정도 이해했다. 그녀 자신도 학생들이 주장하는 내용 중에, 전부는 아니었지만 상당부분 공감하는 부분이 있었기 때문이었다. 결국 모든 동물들은 다 죽고 그녀의 연구논문도 상당부분 소실되고 말았다. 그녀는 그때를 회상하면서 내게 이렇게 말했다.

"나는 그 때 많은 것을 배웠어요. 인간이 아무리 열심히 노력한다고 해도 때로는 신이나 악마가 개입한다는 사실을 깨달았죠. 그때는 나의 연구결과가 거의 다 마무리되어 갈 때였어요. 바로 그때의 그 교훈으로 인해서 오늘날의 내가 있을 수 있었죠. 그때 나는 정말 열심히 연구했어요. 연구 결과도 거의 다 정리해 놓았고, 박사과정을 신청해 놓아서 가입학도 된 상태였지요. 그러나 어느 날 내가 그동안 공들여 만들어 놓은 모든 연구결과가 다 불타버리고 날

아간 겁니다. 거의 처음부터 다시 시작해야 하는 상황이 발생한거죠. 1960년대였으니까 아직 컴퓨터가 보급되기도 전이었죠."*

그 때의 상황이 아주 힘들었던 모양이다. 당시를 회상하는 그녀의 표정에 긴장감이 역력하게 나타난다.

"지금은 나만의 심리학을 이용한답니다. 당신은 실패에 대항하는 방법을 배워야 해요. 그런 심리학을 일찍 배우면 배울수록 당신의 성공은 더 빨라질 겁니다. 나는 한평생 살아오면서 심리학자로서, 또는 사회의 지도층 인사로서 많은 사람들을 보아 왔어요. 성공을 이룬 사람들 중에는 실패의 철학을 모르는 사람도 더러 있지요. 그들은 어떤 역경이 찾아 왔을 때 자기 자신을 추스를 줄 몰라요. 그래서 나는 스포츠가 참 사람들에게 좋은 것이란 생각을 하게 되지요. 경기에서는 이기기도 하고 지기도 하기 때문이죠."

마지막으로 내가 독자들에게 교훈이 될 만한 말을 부탁하자 그녀는 지금까지의 말을 다음과 같이 요약해 주었다.

"아무리 열심히 노력해도 때로는 원하는 결과를 얻지 못할 때가 있어요. 예상치 못하는 힘이 그것을 방해한다는 거죠. 그것은 어떻게 합리적인 말로 표현할 수가 없어요. 그러나 인생엔 언제나 실패가 따를 수 있다는 사실을 인정하고 출발하는 것이 매우 중요하다고 봅니다. 당신이 위험회피형의 인간이라면 어느 정도의 성공은 거둘 수 있겠죠. 그러나 그런 성공은 진정한 의미에서의 성공이라고 보기가 어렵다는 거죠. 내가 말하는 진정한 성공이란 '실패를 두려워하지 않는 성공'을 의미합니다."

나는 실패하는 사람들을 많이 보아왔다. 그들은 일련의 부정적인 습관을 갖고 있으며 그러한 행동들을 반복한다. 자기파괴, 부주의, 닫힌 마음, 등등. 그리고 그러한 행동들은 상황을 더욱 더 나쁘게 만드는 경향이 있다. 이러한 상황은 본인 스스로가 그런 행동들이 상황 개선에 아무런 도움이 되지 않는다는 사실을 자각하지 못한다는 데에 문제의 심각성이 있다. 오래된 나쁜 습관으로부터 탈출한다는 것은 본인에게 엄청난 희생과 노력이 요구된다. 우연처럼 보이지만, 연속적인 실패는 때때로 우리들에게 자신을 성찰해 볼 수 있는 소중한 기회를 제공하기도 한다. 만약 우리들이 그 기회를 적절히 이용한다면, 지금껏 자신들을 옭아맸던 그 나쁜 습관의 구렁텅이로부터 탈출할 수 있을 것이다.

연속되는 선거에서의 실패는 마리오 쿠오모에게 정치가로서의 자질을 다시 한 번 냉정하게 점검하도록 만들어 주었다. 비록 지금

Tips & tips

발명왕 토머스 에디슨의 과정은 또 얼마나 이와 비슷한가. 그의 인생 여정의 한 일화이다. 한번은 그가 있던 연구소에 화재가 발생해 소중한 실험기계들을 모두 잃어버렸다. 그는 까만 숯과 고철 덩어리로 변해버린 실험기계들을 바라보며 이렇게 중얼거렸다. "내가 범한 실수들이 모두 자취를 감추었다. 이 얼마나 감사한 일인가? 이제부터 새롭게 시작할 수 있으니 이 또한 얼마나 감사한 일인가?"
에디슨이 축음기를 발명한 때는 바로 그 화재사건이 있은 지 한 달 후였다고 한다.

은 그가 많은 사람들로부터 따뜻한 정치인으로 평가되고 있지만, 젊은 시절에는 전혀 그런 사람이 아니었다고 한다.

"내가 당선되기 전에 두 번이나 연속해서 선거에서 패배하였죠."

뉴욕시장 선거에서 실패했던 때를 회상하면서 그가 한 말이다.

"두 번의 실패는 나 자신을 곰곰이 다시 돌아볼 수 있게 해 주었죠. 나를 유능한 변호사가 되게 만들었던 자질이 뉴욕 시장으로서의 자질은 아니라는 사실을 처음으로 인정하게 된 겁니다. 그때까지만 해도 나는 박애주의(博愛主義) 따위와는 거리가 멀었죠. 사교적인 모임에도 잘 나가지 않았죠. 사실 변호사 시절엔 혼자서 고독을 즐기는 그런 타입이었어요. 시장과 주지사에 맞서서 싸우는 재판에 변호인이 되기도 했었죠. 그래서 뉴욕의 여러 신문들에 뉴욕시장 린시를 물리치고 뉴욕 주지사 록펠러를 박살낸 베테랑 변호사로 이름을 날리기도 했죠. 세 명의 사형수를 전기의자로부터 구해 냈을 정도였으니까요. 그러나 나는 그것을 모두 혼자서 했다고 믿었죠. 자만심에 빠진 겁니다, 내 말 아시겠어요?"

그는 선거에 연속으로 지던 어려웠던 시절을 회상하며 말을 계속해 나갔다.

"내가 재판과정에서 25페이지짜리 변론서를 써서 재판장을 설득시키면 방청석에서는 감동으로 웅성거리는 소리가 들리곤 하였죠. 그것은 매우 지적인 작업이었어요. 그러나 정치인이 되려고 청중들 앞에 서게 되면 그런 식의 연설문이 전혀 먹히지 않는다는 겁니다. 군중들에게 다가가는 말을 해야만 해요."

마리오 쿠오모는 자신의 연설 스타일을 재점검하였다. 그리고 군중들에게 다가가는 대중연설 기법을 개발하였다. 그리고는 마침내 뉴욕 시장과 주지사의 선거에 승리하여 뉴욕 시장에 1회, 주지사에 3기나 연임하는 쾌거를 이룬 것이다. 그의 삶으로부터 얻을 수 있는 통찰력은 이런 것이다.

"실패를 하고서도 아무런 교훈을 얻지 못하는 사람도 있다. 그 사람이야말로 가장 슬픈 연극의 주인공인 것이다."

● ● ●

우리가 앞 장에서 보아 왔듯이, 확실히 권한을 위임해 주는 일은 중요하다.

그러나 모든 것이 준비되었다면, 당신 스스로가 직접 확인해 보는 것이 매우 중요하다. 여기 세계적인 요리사이며 외식사업의 거장인 다니엘 보우루드의 교훈을 통하여 현장 확인의 중요성을 배워 보자.

1990년대에 다니엘이 Le Cirque의 수석주방장이었을 때, 그 식당에는 비행기 세 대에 탈 승객들을 위한 아침 식사 주문이 들어왔다. 그 비행기의 손님들이란 보통 사람들이 아니었다. 그들은 모로코에 있는 맬콤 포브스의 생일잔치에 초대되어 가는 800명의 거물들이었다. 그 사람들은 엘리자베스 테일러, 낸시 키신저, 바바라 월터스 등, 모두가 미국 내에서 '특A급'으로 분류되는 유명인사들이었다. 다니엘을 비롯한 주방장들과 간부들은 아침 식사의 식단을 짜기 위해서 수개월 전부터 머리를 맞대고 고민하기 시작했다. 그들은 승객들 각자의 식습관을 연구하여 아주 작은 부분까지도 놓치지 않고 최상의 식단을 짜려고 노력했다. 다니엘과 그의 스태프들은 비행기가 떠나는 날 새벽 3시까지 식당에서 밤샘 근무를 했다. 사장인 시리오 마찌오니와 다니엘은 너무나 바빠서 물건을 운반하는 책임을 보조 직원에게 맡겨서 해결하려 했다. 그렇게 준비된 식사는 아침 6시에 냉동트럭이 와서 싣고는 곧바로 공항으로 떠나기로 되어 있었던 것이다. 그런데 아침 6시가 되어도 트럭도 운전기사도 보이지 않았다. 다니엘과 시리오는 혹시나 그 운전사가 잘못 알고 곧바로 공항으로 간 것은 아닌가 해서 공항으로 가 보기도 했다.

"7:00, 7:15, 7:30… 시간은 자꾸 가는데 냉동트럭은 보이지 않는 겁니다."

다니엘과 나는 사방이 유리창으로 돼 있는 주방 지휘소에 마주 앉아 인터뷰를 하고 있었다. 그의 식당은 4성급 고급 식당으로 뉴욕 맨하튼의 65번가에 자리잡고 있다. 그의 표정으로 보아서 그는 당시의 긴박했던 순간을 다시 떠올리고 있음이 분명했다. 나라도 그 당시의 상황을 쉽게 떠올릴 수가 있을 것 같았다. 800명이나 되는 사회 저명인사들과 유명 영화배우들이 모두 비행기에 탔는데, 정작 준비되어 있어야 할 아침 식사는 나오지 않는다?

"저와 사장은 거의 미칠 지경에까지 이르렀죠. 우리는 경찰국에 전화를 했죠. 헬리콥터라도 보내 달라고 말이죠. 그것은 정말 악몽이었어요."

나중에 밝혀진 사실은 이랬다. 그 운전기사는 트럭을 몰고 집에 갔는데, 밤새 너무 긴장한 나머지 한 잠도 자지 못하고 식당에 도착하기 위해 새벽에 집을 나섰는데, 오는 도중에 너무나도 졸려서 도로 한 편에 잠시 차를 대고 1~2분만 눈을 붙인다는 것이 그만 깜빡 잠이 들어서 곯아떨어 진 것이라고 했다. 때마침 옆을 지나던 순찰차가 불법 정차돼 있던 트럭을 발견하고는 문을 두드려 깨우게 된 것이었다. 다행히 그 트럭은 부랴부랴 식당에 와서 화물을 싣고는 비행장에 갔는데, 트럭이 공항에 도착했을 때는 이륙시간을 불과 20분 남겨 놓고 있었던 것이다.

"그것이 내 인생에서 가장 큰 실수였지요."

다니엘은 그렇게 말했다.

"그 다음부터는 나는 철저히 확인하는 습관이 몸에 배이게 된 겁니다. 또 아무리 열심히 준비를 해도 그런 예기치 않은 실수가 전혀 엉뚱한 데서 나올 수도 있다는 소중한 교훈도 배웠고요."

역경을 극복하라

1년이 지난 후 필라델피아 방송국에서 내가 제작 보조를 맡았던 프로그램, 〈McLean & Company〉는 꽤 잘 나가고 있었다. 그 쇼는 시청자들의 반응도 좋았으며 그 증거로서 시청률도 꾸준히 올라가고 있었다. 어느 모로 보나 우리들의 프로그램은 최고의 전성기를 맞이하고 있는 듯이 보였다. 그러던 12월 23일, 진행자인 밥 맥린은 위층의 중역실로 호출되었다. 우리 모두는 그가 연말 특별상여금으로 두둑한 봉투를 받게 될 것이라고 추측하였다. 한참 후에 밥은 평소의 그 혈색 좋던 얼굴이 핼쑥해져서 내려왔다. 우리들은 그에게 대체 무슨 일이 있었느냐고 물었다.

"나 해고됐어…"

밥은 자기의 서류와 짐을 두개의 박스에 포장하면서 울고 있었다. 우리는 박스를 하나씩 들고 그를 부축하면서 회사의 정문까지 함께 갔다. 모든 일이 도저히 믿을 수 없는 상황이었다. 최고 경영진은 밥을 무슨 이유에서인가 해고한 것이다. 그것도 크리스마스를 이틀 앞두고 말이다. 우리는 그가 갈색 가죽가방을 들고 차에 올라 눈밭 속으로 사라지는 모습을 지켜보아야만 했다. 나는 우리 팀원들을 대표해서 편집부장과 면담을 요청했다.

"도대체 우리가 무슨 놈의 일을 하고 있는 겁니까?"

편집부장은 창밖을 보면서 대답했다.

"미안하네, 빌. 정치적인 이유야. 나도 어떻게 해 볼 도리가 없었어."

다행히도 그로부터 얼마 지나지 않아 밥은 캐나다의 토론토지사에서 근무할 수 있게 되었다. 밥은 우리에게, 아내와 두 아이들도 모두 토론토 생활에 잘 적응하고 있노라고 감사의 편지를 보내왔다.

● ● ●

많은 사람들은 이와 유사한 사건을 겪으면서 세상을 살아가고 있다. 이런 경험이 없는 사람들은 행운아임에 틀림없다. 역경은 우리를 지옥으로 몰고 간다. 그러나 성공적인 사람들이란 바로 이러한 역경을 자신의 내부에서 단련된 힘을 이용하여 잘 극복해 낸 사람들이다.

프랭크 시나트라는 언젠가 내게 아주 좋은 충고를 해 주었는데, 그 충고는 그후 두고두고 내가 어려운 여건에 처할 때마다 큰 힘이 되어 주었다. 그에게도 참으로 견디기 어려운 시기가 있었다. 목에서는 계속해서 피가 나왔고, 아내인 에바 가드너와의 관계는 최악을 향해 치닫고 있었으며, 콜롬비아 레코드사와의 계약도 파기되었고, 이제는 그가 클럽에서 쇼를 한다고 해도 모여드는 청중들은 한 줌밖에는 되지 않았다. 나중에 그는 나에게 이렇게 말했다.

"인생이 얼마나 아름다울 수 있는지를 깨닫기 위해서라도 가끔씩은 밑바닥으로 추락할 필요가 있는 거야."

● ● ●

매트 라우어는 이 역경의 아픔을 누구보다도 잘 이해하고 있는 사람이다. 또한 역경을 헤치고 나오면 어떤 결과가 기다리고 있는지도 알고 있는 사람이다. 당신은 매트 라우어의 밑바닥 인생을 이 책을 통하여 이미 알고 있을 것이다. 시골로 이사해서 모자를 눌러 쓰고 페인트 공으로 일하면서 재기를 노리고 있던 시절의 이야기 말이다.

매트는 그때를 회상하면서 말했다.

"나는 PM Magazine 쇼를 뉴욕에서 하던 때를 기억한다. 그 때 나는 한 달에 한두 번씩 코네티커트에 있는 부모님을 만나러 브러크너 고속도로를 탔다. 저녁 무렵 고속도로의 초입에 들어설 때면, 맨하탄의 스카이라인이 너무나 멋지게 보이곤 했다. 그 광경을 볼 때마다 나는 속으로 이렇게 중얼거렸다. '와우, 저 빌딩 숲 속에 나의 시청자들이 있다니⋯ 엄청난데!' 내가 실직되었을 때에 맨 처음 떠올렸던 상상이 바로 그것이었다. '봐, 이 스카이라인 속의 모든 사람들이 나의 프로그램을 시청하고 있네. 정말 멋지지 않아?' 마침내 내게는 나의 상상이 옳았다는 것을 증명할 기회가 다시 찾아왔다. 여기에는 약간의 행운도 따랐지만 나는 결국 해낸 것이다."

매트에게 그런 좌절의 시기가 그에게 연기자로서, 또는 개인으로서 어떤 영향을 주었는지 물어 보았다.

"무엇보다도 내가 진행하는 쇼에서 이야기하는 그런 일상의 스토리들에서 더 많은 연민을 느낄 수가 있었죠. 물론 나는 실버스푼이나 만지면서 자란 그런 옥동자는 아닙니다만, 초기에는 작은 성공에 도취되어서 교만한 마음이 있었던 것이 사실이지요. 언젠가 나의 대부(代父)는 이런 말씀을 하셨죠. '너는 직장에서 해고를 경험해 보기까지는 진정한 노동력이 아니다. 해고되어 보고 또 그 어려움을 극복해 내고 새로운 직장이나 직업을 찾을 때, 그때가 되어야 진정한 노동력이며 사회인인 셈이지.' 그 옛날에는 그 말의 뜻을 잘 몰랐어요. 사실 나는 해고되어 본 적이 없었으니까. 그러나 실직된 상태로 3년을 지내면서, 눈높이를 아주 낮게 가져가서 일거리를 잡고 나서야 진정한 사회인으로 거듭난 나를 발견하게 된 겁니다. 그 3년의 기간은 나를 좋은 의미로도 성숙시켰고, 또 나쁜 의미로도 재창조하였죠."

"좀더 자세히 얘기해 주시겠어요?"

나의 부탁에 매트는 이렇게 대답했다.

"좋은 의미라 함은, 내가 어려운 여건에 처한 사람들의 입장을 충분히 이해할 수 있게 되었다는 뜻이고요, 나쁜 의미라 함은 내가 현재의 상황을 내게 주어진 것으로 생각하지 못하고 끊임없이 불안해 한다는 사실이죠. 언젠가는 이런 안정된 상태가 깨어질 것이라는 두려움 말입니다."

● ● ● ●

케이 베일리 허치슨 상원의원은 미국 내에서 가장 영향력 있는 여성 중의 한명이다. 그녀가 젊었을 때, 성차별로 인하여 매우 어려운 시기를 보낸 적이 있었다.

"내가 로스쿨을 졸업하던 때는 텍사스 주 내에서 어떤 법률회사도 여성을 고용하지 않던 시기였어요. 넉 달 동안이나 이력서를 들고 여기저기 법률회사들을 찾아 다녔지만 모두 허탕만 치고 말았지요. 그래서 생각을 바꾸었죠. 내 법률지식을 이용할 수 있는 다른 분야를 찾아보는 거였어요. 그래서 휴스턴에 있는 NBC TV의 자회사에 뉴스 리포터로 채용되기에 이르렀죠. 그때만 해도 방송국은 월급도 얼마 주지 않아서 인기가 없던 때니까요. 어쨌든 나는 텍사스 주에서 최초의 여성 리포터가 된 셈이었죠."

"그 다음엔 어떻게 됐습니까?"

내가 물었다.

"결과는 법률회사에 들어가서 변호사로 일하는 것보다 훨씬 더 잘되었죠. 그 TV 방송국에서의 일이 나를 일약 텍사스의 유명인사로 만들어 주었으니까요. 그 유명세를 타고 불과 29세의 나이로 텍사스 주 의회에 진출하게 되었지요. 그때의 경험이 저에게 이런 교훈을 주는 것 같아요. '만약에 당신이 어려운 역경을 헤치고 계속해서 앞만 보고 달려 나간다면, 당신은 원래 기대했던 것보다도 훨씬 더 많은 것을 얻게 될 것이다.' 이건 정말 내가 체험에서 얻은 교훈이라니까요."

● ● ●

유명한 작곡가인 필 롬바르디의 성공비결은, 어려운 시기가 찾아와도 결코 그곳에서 허우적대지 않는다는 데 있다. 시칠리아인의 피가 흐르고 있는 그는, 역경이 찾아오면 그것에 굴복하기를 거절하고 과감히 정면으로 돌파하려고 노력한다.

"내가 생각하기에, 많은 사람들은 자기 자신에 너무 집중하는 경향이 있다는 겁니다. 이런 경향이 그들을 지나친 '자기중심적' 인간으로 만들어 놓는다는 거죠. 일단 그렇게 되고 나면 그들은 사물을 올바른 눈으로 볼 수 없고, 그로 인해서 올바른 결정을 내릴 수 없게 된다는 거죠. 많은 사람들이 그런 함정에 쉽게 빠져들곤 합니다. 나는 그런 우(憂)를 범하지 않으려고 노력을 합니다. 내가 한 가지 예를 들어 볼게요."

필은 내게 이런 제안을 하면서 이야기를 계속해 나갔다.

"나는 지난 주에 눈 수술을 해서 왼쪽 눈의 백내장을 제거했지

요. 그것은 내 시력을 아주 엉망으로 만들어 놓았죠. 어제 병원에
가서 후속 치료를 받았는데, 그때 의사에게 내 시력이 왜 이렇게
엉망이 되었느냐고 항의했죠. 의사는 내 눈이 제 시력을 찾으려면
시간이 걸릴 거라고 설명해 주면서, '두 눈이 두뇌와 싸우고 있는
중'이라고 말해 주더군요. 두 눈과 두뇌 간에 서로 조절하는 시간
이 필요하다는 거죠. 바로 이겁니다. 우리가 너무 자기중심적이다
보면, 미처 과도기적 현상을 이해하지 못하고 참지 못한다는 거죠.
눈의 망막들이 제 자리를 잡을 때까지 충분한 시간이 필요하듯이,
우리들도 자기중심적 생각과 판단에서 벗어나야만 올바른 시야로
사물을 바라볼 수 있게 되는 겁니다."

목뼈가 부러지고 아버지가 돌아가시고, 그리고 얼굴의 왼쪽 근육
이 마비 되는 증세까지 겹쳐서 테니스를 그만두어야만 하는, 그것
도 일년 내에 이런 재난을 연속적으로 당한, 한 청년이 그런 모든
어려움을 극복해 내기란 사실상 쉽지 않았을 것이다. 제임스 블레
이크가 코트에 다시 컴백할 수 있었던 것은, 이런 모든 역경에 대
해서 자신이 할 수 있는 일이 아무것도 없다는 사실을 솔직히 인정
하고 나서부터였다.

"최선을 다해서 살았는데도 그런 역경이 겹쳐서 발생했다는 사실
에 모든 것을 포기하고만 싶었죠."

제임스가 말했다.

"살다보면 어떤 일들은 우리들의 능력 밖에 있기도 하지요. 사실 나는 근육위축증을 어떻게든 극복해 보고 싶었어요. 그러나 할 수 없었죠. 나는 또 아버지를 잃은 슬픔을 억제하지 못하는 내 자신이 밉기도 했죠. 어떤 것도 내가 할 수 있는 일이 없었어요. 그래서 상황을 있는 그대로 인정하기로 마음먹었답니다. 다행스러웠던 일은 그렇게 6개월간 집에서 있는 어려웠던 시기에 나의 친구들이 나와 함께 해 주었다는 사실입니다. 그때부터 나는 지금까지 해 오던 일, 테니스 말고 무슨 다른 것에서 즐거움을 찾을 수는 없을까 하고 생각하기 시작했답니다. 그래서 결국 나는 행복해졌죠."

"만약 다른 사람이 당신처럼 소중히 여기던 것을 포기하고 이제 막 다른 것을 찾으려고 한다면, 그에게 어떤 충고를 해 주시겠습니까?"

내가 정중하게 물었다.

"나에게 있어서 그 기간은 무엇이 중요한지를 찾아내는 과정이었죠. 만약 당신이 하나의 꿈을 포기한다면, 그런 자세야말로 바로 현실이 우리에게 요구하는 것을 그대로 받아들이는 자세라는 겁니다. 어떤 때는 우리들이 전혀 컨트롤할 수 없는 시련의 시기가 분명히 있으니까요. 이렇게 환경순응적(環境順應的) 사고를 갖는다는 건 아주 중요합니다. 왜냐하면 바로 그런 여유로운 마음가짐이 당신에게 치유의 능력이 되기도 하고, 문제의 본질을 재인식할 수 있게 해 주기도 하기 때문이죠. 바로 그때 당신은 그 문제를 해결하는 데 더 좋은 방법을 찾아 낼 수도 있고, 이전보다 더 행복해 질 수도 있죠. 어떤 사람들은 내가 테니스 코트를 떠난다고 했다고 나를 비난하기도 했지요.”

제임스는 말을 계속해 나갔다.

“하지만 그들은 옳지 않았어요. 그들은 내가 오직 테니스만을 아는 로봇이 되기를 원했던 겁니다. 그러나 나의 여러 가지 가능성에 대한 생각은 나 자신을 아주 차분하게 만들었지요. 우리가 침착해지면 질수록 우리들은 그런 죽기살기식의 태도를 버릴 수가 있다는 거죠. 결과적으로 그런 여유 있는 마음가짐이 나를 다시 테니스코트에 복귀시킨 셈이죠.”

제임스는 나를 보고 웃으면서 말했다.

“일종의 아이러니라고나 할까요?”

방송경력이 자꾸 쌓여 가면서 나는 가슴 아픈 교훈 하나를 얻었다. 그 교훈이란, ‘사무실에서 함께 일하는 사람들은 친구가 아니다’ 라는 사실이었다. 그들은 단지 아는 사람들이고 같은 직장에서 근무하는 동료들일 뿐이다. 그들은 친구처럼 보인다. 때론 당신과 함께 여행을 가기도 하고, 믿음을 나누기도 하고, 함께 울기도 하고 웃기도 한다. 그러나 그들은 당신의 친구가 아니라는 사실이다. 만약 당신이 행운아라면 인생에서 절친한 친구 서너 명을 가질 수도 있다. 그들을 사랑하라. 그들은 즐거우나 슬프나 당신의 진정한 친구가 되어 줄 것이다. 그들은 자신들의 성공을 위해서 결코 당신을 희생물로 삼지는 않을 것이다. 그러나 직장 동료들은 다르다. 때때로 그들은 비밀경찰이 되어서 당신에게 어려운 시기를 가져다 주기도 한다. 친절하게 굴던 친구가 승진을 위해서 당신의 발목을 잡기도 한다. 내가 이 이야기를 리커 크리먼에게 했을 때, 그녀는 동의한다는 뜻으로 고개를 끄덕이면서 다음과 같은 이야기를 해 주었다.

"일은 일입니다. 직장에 일하러 가세요. 좋아요. 그들과 함께 점심식사를 하고, 필요하면 저녁 퇴근길에 한 잔 할 수도 있겠지요. 그러나 직장에서의 친함이란 속성상, 어떤 위험을 내포하고 있지요. 네 분명히 그래요. 내 생각에는 당신이 전혀 아무런 생각 없이 식사시간에 한 이야기, 한잔 하면서 던진 불평 한마디가 나중에 당신에게 독화살이 되어서 돌아오기도 한다는 말입니다. 만약에 당신이 직장에서 친구를 사귀고 싶다면, 그 교우관계의 한계를 분명히 알고 있어야 합니다. 그렇지 않으면, 그 교우관계가 나중에는 당신의 뒤통수를 치는 결과가 될지도 모릅니다."

리키는 약간 흥분해서 말을 계속 이어 나갔다.

"그러면 왜 직장에서는 이런 일이 발생할까요? 그것은 우리 모두가 경쟁관계 속에 있다는 구조적인 문제 때문이죠. 당신이 당연히 승진할 줄 알았는데 다른 사람이 승진한다거나, 다른 사람의 봉급이 더 많아진다거나, 사무실 코너의 멋진 방을 옆자리의 동료가 차지하게 되는 것 같은 경우이죠. 이것은 바로 직장생활의 본래 모습이기도 하지만요."

　나는 이 이야기를 겁주기 위해서 하고 있는 게 결코 아니다. 단지 직장에서의 언행을 조심하라고 충고를 하고 있는 것뿐이다. 많은 사람들이 자신이 친구라고 믿었던 사람들로부터 배신을 당하고 나에게 찾아와서 불평을 토로하는 모습을 자주 보아왔다. 진정으로 믿었던 직장 동료에게 아주 교활한 방법으로 배신을 당하고 상처를 받아서 괴로워하는 모습 말이다. 나의 결론은 이렇다.
　"당신의 몇몇 친구들을 소중히 생각하라. 그리고 직장의 친구들은 단지 '직장동료'라고만 생각하라."

● ● ●

　초대형 호화판 파티의 경우, 우리들은 흔히 모든 준비가 완벽할 것이라고 생각하기가 쉽다. 그러나 이벤트 플래너인 프레스톤 베일리는 이 문제에 대해, 결코 그렇지 않다고 말한다.
　"진실은 이렇답니다. 철저하게 준비를 했음에도 불구하고, 때때로 사고는 전혀 예상치 않은 부분에서, 예기치 못한 시기에 일어난다는 것이죠. 더 심각한 문제는 그런 사고에 우리가 전혀 어떻게 해 볼 도리가 없다는 사실입니다. 멋지게 장식한 꽃꽂이가 숙녀의 머리 위에 떨어지기도 하지요. 나와 종업원들이 계산한 메카니즘이 통하지 않은 결과죠. 그러면 어떻게 해야 할까요? 그런 상황을 그냥 그대로 받아들이라는 겁니다. 그것을 확대 해석하여 마치 세상의 끝이라도 온 것마냥 호들갑을 떨지는 말라는 말이죠. 당신은 그 일로 인해서 보다 더 정교한 메카니즘을 고안할 수도 있을 테니까요. 그렇게 실수를 통해서 조금씩 배워 나가는 것이 바로 성공인 것입니다."

그는 자기가 생각하고 있는 실패-성공의 상관관계를 이렇게 설명해 주었다.

"잘못된 것들을 보면 참 단순해요. 어떻게 저런 실수를 할 수 있을까 싶기도 하죠. 그러므로 중요한 것은 사고나 실수는 언제나 있을 수 있다는 사실을 겸허하게 받아들이는 일이에요."

End Notes

"나에게 있어서 역경이란 '격려'와도 같은 것이다 나는 역경이 찾아오면 그것을 환영한다. 그것은 나를 앞으로 밀어 내려고 하는 그 무엇이니까."

- Diane Warren

"당신이 실패나 문제를 만나거든, 정면으로 그것과 맞서라. 그것과 타협하지 마라."

- Diane von Furstenberg

"나는 언제나 나 자신에게 이렇게 말하곤 한다. '그래, 도대체 그 문제의 실체가 무엇이지? 이것이 내가 역경을 이겨내는 비결이다."

- Joe Behar

"역경에 부닥친다는 것은 결과적으로 성공에 이르는 열쇠를 손에 쥐게 되는 셈이죠. 나는 지금껏 살면서 많은 어려움에 직면했지만, 그것들로 인해서 더욱 강인해 졌어요. 결국, 우리 인간들은 역경이나 고난을 통해서 훨씬 더 많이 성장한다고 봅니다."

- Kay Baily Hutchison 상원의원

"실패를 하거든 그것을 들여다보고 분석하라. '내가 이제 어떻게 해야 할까?'가 아니라, 내가 이번 일로부터 무엇을 배울 수 있을까?'를 생각하라는 말이다."

- Preston Bailey

파멸로 이끄는 유혹을 떨쳐내라

성공이란 말과 파멸이란 말은 항상 같이 따라 다닌다. 우리는 유명한 사람들이 하루아침에 나락의 구덩이로 떨어지는 것을 수도 없이 목격하면서 살아가고 있다. TV에서 최고의 인기를 끌고 있던 스타들이 돈, 마약, 애정행각, 추문(醜聞) 등으로 재기 불능의 상태까지 가는 것은 그야말로 순식간이다. 나는 세상에서 흔히 성공했다고 하는 사람들에게, 어떻게 그런 파멸적인 유혹에서 벗어날 수 있었는지를 물었는데, 그 결과 그들로부터 매우 흥미로운 이야기들을 듣게 되었다.

내가 인터뷰한 대다수의 사람들은 그런 유혹의 폐해를 너무나도 잘 알고 있었기 때문에 그런 상황이 오면 의도적으로 철저히 그것들을 외면하려고 노력하였다.

크리브 데이비스는 바로 그런 지진의 진앙지(震央地)와도 같은 섹스, 마약, 로큰롤과 함께 한 평생을 살면서도, 단 한 번도 그런 것에 오염된 적이 없이 살아온 사람이다.

"바로 내가 그런 환경에서 일했다는 것이 나를 그런 오염된 환경으로부터 지켜 줄 수가 있었어요. 일종의 아이러니죠. 왜냐하면 내가 그 두 가지를 결합할 수는 없었거든요. 나는 항상 나의 성적표(Cards)를 의식했어요. 내가 좋은 성적표를 받는다는 건 즐거운 일이죠. 그러나 만일 내가 나쁜 성적표를 받는다면? 그건 참 비참한 얘기가 되겠죠. 나는 환경이 그리 큰 문제가 아니라고 생각해요. 자신의 의지만 강하다면 어떤 환경에서건, 어떤 사람들과 일하건 전혀 문제가 되지 않는다는 거죠. 내가 이렇게 말하는 게, 마치 음악계에서 일하는 사람들이 다 그런 (나쁜 부류의) 사람들이라고 말하는 것 같아 조심스럽군요."

· · ·

다이안 워렌도 역시 음악계의 거성이다. 그녀는 자신이 기필코 성공하고야 말겠다는 자기 자신과의 약속으로 인해서 그러한 환경을 넉넉히 극복한 사람이다.

"나는 마약을 한다거나 하는 그런 유혹에 빠져 본 적이 없어요." 그녀는 말했다.

"그건 참 이상했어요. 내가 열여덟 살 때, 친구들은 밤새 나이트

클럽에 가서 몸을 흔들어대고 놀고 있을 때도, 나는 오히려 일하고 싶었어요. 파티에 참석하고 싶은 마음도 없었고, 밤새 술 마시고 싶지도 않았죠. 그냥 일만 하고 싶었다니까요.”

제임스 블레이크는 다른 테니스 선수들을 유심히 주목했다. 테니스 스타가 되어서 갑자기 유명해지고 각종 파티에 불려 다니고 돈과 유명 연예인들과 놀고 싶은 유혹에서 벗어나지 못하고, 그리고는 마침내 어느 날 비참하게 사라져 가는 동료 선수들을.

“나에게도 그런 유혹이 많이 왔었죠. 그렇지만 그럴 때마다 나는 이렇게 말했답니다. ‘그래 좋아. 하지만 그런 것들이 내 성공과 맞바꿀 만큼 값어치가 있지는 않아.’ 사실 나는 나 자신이 얼마나 잘하는지를 보고 싶었답니다. 삶의 끝자락에서 이렇게 말하고 싶지 않았던 거지요. ‘이보게, 옛날에 그 유혹을 물리쳤더라면 사실 나는 좀더 잘 살 수도 있었는데… 자네는 제발 나처럼 되지는 말게나.’ 이런 넋두리 말이죠.”

마리아 바르티로모는 ‘카메라는 절대로 거짓말을 하지 않는다’ 는 진리를 일찌감치 터득하고 있었다. 바로 그 사실 하나만이 그녀가 모든 유혹을 물리치며 성공할 수 있었던 요인이었다.

"내가 카메라 앞에 섰을 때, 나는 잘 보여야만 해요. 그러니까 내가 해야 할 일은 과식하지 않기, 날마다 운동하기, 술 마시지 않기 등등, 끝이 없지요. 사실 날마다 그런 규칙들을 지켜 내는 것은 결코 쉬운 일이 아니잖아요?"

마리아는 계속해 나갔다.

"그건 마치 미끄러지기 쉬운 눈길을 올라가는 것과 같아요. 잠시만 한눈을 팔면 저 아래로 미끄러져 내려가는 게임이죠. 검정 정장을 입고 멋진 파티에 나가서 잘 생긴 사람들과 포도주 잔을 기울이고 싶은 욕망이야 왜 난들 없었겠어요? 그러나 성공을 위해서는 그런 것들로부터 초연(超然)할 줄 아는 그런 인내심을 키워야 한다니까요."

● ● ●

다음에는 '나이'라는 유혹이 있다. 당신이 점점 나이를 먹어가고 사회적으로도 어느 정도 성공하게 되면, 그런 외부적인 유혹으로부터 동떨어져서 생활하기가 사실상 쉽지 않다. 나는 먹는 것을 좋아하는 사람이다. 훌륭한 식당을 좋아하고, 좋은 포도주를 사랑하고, 흥겨운 파티를 즐기는 타입이다. 그러나 나는 바로 그런 사교적인 삶과 가정적인 삶의 사이에서 균형을 유지하는 것이 무엇보다도 중요하다는 사실을 터득했다. 그리고 그런 사교적인 삶보다도 가정이야말로 훨씬 더 중요하다는 사실을 항상 기억하면서 살아가고 있다.

크레이크 뉴마크가 좋아하는 표어 중 하나는 '나는 유혹만 빼고는 어떠한 것도 다 이겨낼 수 있다'는 것이다. 사실 이 말은 내게 좀 우습게 들렸다. 왜냐하면, 내가 알고 있는 한, 그는 결코 어떤 유혹에도 빠져들지 않는 사람이기 때문이다.

"나는 많은 것을 원하지 않아요."

크레이그는 솔직히 자기의 심경을 토로하였다.

"내가 많은 것을 원하지 않기 때문에, 별로 유혹에 넘어갈 것도 없지요."

그는 내게 어깨를 으쓱하면서 이렇게 되물었다.

"빌, 당신은 얼마나 많은 것을 원하고 있지요?"

참 좋은 지적이다. 욕심이 없다면 유혹에 빠질 일도 없다는 말.

● ● ●

우리가 사랑하고 있는 사람들이 우리를 악으로부터 지켜주는 가장 좋은 보호 장치가 되기도 한다. 사랑하는 가족들이 집에서 기다린다는 사실이 조셉 아보우드를 그런 여러 가지 유혹을 물리치고 집으로 일찍 들어오게 만드는 요인이 됐다는 것이다.

"나는 여기 웨스트체스터에 살지요. 내가 도시의 사무실에 있을 때도 나는 아이들이 보고 싶어 견딜 수가 없는 겁니다. 그러니 내가 파티 같은 것을 즐겨할 겨를이 있겠어요? 일이 끝나자마자 집으로 부리나케 와야 하니까요."

• • •

앤너 퀴들런에게도 역시 같은 이유가 있다.

"아이가 셋이 될 때까지는 나는 진정으로 성공한 사람이 아니었죠. 아이가 셋이 되고 나니까 아이들을 사랑하는 마음이 예전의 하나나 둘이었을 때보다도 훨씬 더 커진 겁니다. 밖에서의 즐거움이 아무리 크다 해도, 난 결코 그것을 우리 아이들과 함께하는 즐거움과 바꾸지 않을 거예요. 대학에서 특별 강의를 해 달라고 요청을 해도, 멋진 파티에 오라고 초청을 해도, 또는 독자들이 '앤너, 당신의 작품에 진짜 감동했어요!' 라고 말해도, 그런 것들보다 더 소중한 것, 바로 집에서 기다리고 있을 아이들이랍니다."

그녀는 나를 보면서 멋쩍은 듯 씩 웃었다.

"제 기분 이해하시겠죠?"

• • •

심장병 수술에서 세계적 권위자라는 메멧 오즈 박사는 이 문제를 어떻게 생각할까?

"내게 있어서 술이나 여자와 같은 문제는 결국 개인의 가치관의 문제라고 봅니다. 우리는 모두 인간이기에 그런 유혹들로부터 자유로울 수야 없겠지요. 더군다나 하루 종일 피를 만지면서 환자들을 수술하는 외과 의사들에게는 그런 유혹이 더욱 절실하지요. 한 잔 하면서 스트레스를 풀려는 유혹 말입니다. 그럴 때면 나는 주변의 사람들을 생각하지요. 내게 생명을 맡겨 놓고 수술을 기다리는 환자를 말하는 게 아니라, 그들의 가족, 또는 함께 일하는 동료의사들 말입니다. 만약 내가 그런 것들(술, 마약, 여자)과 친숙하게 된다면, 어떻게 내가 그 사람들을 바라볼 수 있을까를 생각합니다. 내게 있어서 더욱 중요한 것은 아주 개인적인 이기심의 발로(發露)라고나 할까요? '내가 그런 것들을 멀리하면 할수록 나의 생활은 훨씬 더 간단해 진다' 는 진리 말입니다. 그런 단순한 삶이 결국 두 개의 장부를 만들어서 와이프 따로, 애인 따로 보여 줄 필요도 없을 것이고, 내가 누구인지, 왜 사는지를 놓고 고민해야 할 필요도 없게 만들어 주겠지요."

● ● ●

"명성이란 마약과도 같은 것이다. 나는 여러 개의 TV에서 수많은 쇼프로에도 출연했고 오페라에도 나갔다. 유명세는 타면 탈수록 자꾸만 더 갖고 싶은 것이다. 바로 내가 공항이나 백화점 같은 데를 갔을 때, 사람들이 나를 가리키며, '어머, 저 사람 프레스톤 베일리야!' 그럴 때면 우쭐해지는 나 자신을 발견하곤 한다. 솔직한 내 감정을 숨기고 싶진 않다. 그러나 바로 거기에 함정이 있는 것이다. 나는 그런 함정에 빠지지 않게 하려고 매일 매일 나 자신을 점검하곤 한다. 그런 감정의 콘트롤 없이 살다가, 어느 날 갑자기 그런 유명세에서 추락하게 되면,그 다음에 나를 기다리는 것은 바로 걷잡을 수 없는 좌절뿐이기 때문이다.”

● ● ●

“유혹이란 어느 곳에든지 존재한다. 식탐이 될 수도 있고, 과음이 될 수도 있고, 미인을 보면 색욕이 동하는 것이 될 수도 있다. 또는 쾌락에 도취하고 싶은 마음이 될 수도 있고, 돈에 탐닉하는 물질만능주의자(Mammon)가 될 수도 있다. 그러므로 우리는 언제라도 그러한 유혹에 빠져들 수 있다는 사실을 인식하고 있어야만 한다. 그리고 그런 것들에 빠져든다면 그 결과가 당신에게 얼마나 많은 대가를 요구할 것인지도 계산해 두어야 한다. ‘한잔 더, 한 잔만 더’ 하고 마시다 보면 집에 돌아갔을 때 아이들의 초롱초롱한 눈망울을 어떻게 쳐다볼 것인지를 말이다. 술 취한다는 것은 자신을 바보로 만드는 것이다. 어쩌면 그 식당, 또는 그 술집 안에서 당신의 고객이 당신을 쳐다보고 있을지도 모를 일이다. 그럴 때 어떻게 할 것인가? 당신의 고객이 당신의 취한 모습을 보았을 때, 또는 당신의 가족이 그런 추한 광경을 보았을 때!”

– Mario Cuomo

"어떤 단순한 이유에서건 또는 호기심에서건, 나는 지금껏
단 한번도 코카인이나 다른 마약을 흡입해 본 적이 없다. 아직
도 그런 것에 탐닉하는 사람들이 많이 있지만, 그것은 단지 다
음의 두 가지 결과만을 초래할 뿐이다. 한 가지는 그것이 좋지
않은 경험일 것이라는 얘기다. 이럴 경우, 그것을 경험해 보지
않았다는 것은 잘한 일이다. 또 다른 경우는 그것이 매우 유혹
적인 경험일 것이라는 얘기다. 이 경우에도 결과적으로 후회할
것이기 때문에, 나는 단 한번도 그것을 시도해 보지 않았다."

- Christie Hefner

End Notes

"나는 음주나 그 밖에 어떤 나쁜 습관으로 인해 연설을 망치거나 내 판단이 흐려진 적이 단 한 번도 없었다. 나는 언제나 다음 날 아침 일찍부터 일할 준비가 되어 있다. 하루 24시간도 좋고 일주일에 7일이라도 좋다. 결과적으로 보면, 내가 술을 멀리한 것은 나의 삶에서 엄청난 시간을 절약해 주었고, 그것이 내 성공에 많은 보탬이 된 것 또한 사실이다."

– Donald Trumph

"나는 내가 이룩한 업적으로부터 엄청난 만족감을 얻는다. 우리 회사는 지금 매우 흥미로운 사업을 시도하고 있다. 거기에는 대체에너지 사업도 있고 인간을 우주에 여행시키는 계획도 있다. 그것들이야말로 바로 내게 있어서는 마약과도 같은 것이다."

– Sir Richard Branson

"만약 당신에게 술 마시는 습관이 있다면, 나는 그것을 당신의 20대에서 끊으라고 충고할 것이다. 왜냐하면, 당신이 더 늙어서도 계속 그런 습관을 갖는다면, 당신에게 성공의 기회가 돌아갈 가능성은 별로 없기 때문이다."

– Jim Cramer

"내 생각에는, 핵심은 바로 '길을 잃지 말라' 는 것이다. 당신이 올바른 지도를 갖고 있지 않다면, 당신은 계속 같은 곳에서 허우적대면서 악순환만을 되풀이할 가능성이 아주 많다. 만약 당신이 명확한 지도를 갖고 있다면, 주의나 집중력이 산만해지는 그런 일은 결단코 없을 것이다."

– Bob Pitman

삶의 균형을 잡으라

삶에는 사이클이라는 게 있게 마련이다. 살다보면 좋은 날도 있고 나쁜 날도 있다. 어떤 날은 행운의 여신이 미소를 지으면서 손을 내밀 것이고, 또 다른 날은 폭풍우 속에서 악마를 만날 수도 있을 것이다. 이런 사실을 염두에 두고, 당신은 바다 밑바닥에 닻을 확실히 내리고 굳건하게 서 있어야만 한다.

우리는 모두 단 한 번의 인생을 산다. 그것은 나도, 당신도 마찬가지이다. 만약 자신이 좋아하는 일을 하고 있다면, 아무리 힘든 일을 하더라도, 또는 아무리 많은 시간을 일하더라도 결코 피곤하지 않을 것이다. 그러나 당신이 업무에 지나친 시간을, 그것도 균형을 잡지 못하고 투입한다면, 당신의 삶은 왜곡될 수가 있다. 나는 때때로 뉴욕이라는 자석과도 같은 대도시를 탈출하여 어려서 내가 자랐던 필라델피아를 찾아간다. 그것이 나의 업무에 균형을 잡아주는 힘인 것이다. 내가 다시 뉴욕으로 돌아왔을 때는 훨씬 더 활기찬 나 자신을 발견하곤 한다. 만약 내가 도시에서의 바쁜 일과에만 쫓

겨서 산다면, 나의 에너지는 금방 소진되고 말 것이다.

나는 가족이야말로 우리들이 평생을 함께 가야할 소중한 존재들이라고 믿는다. 결국은 우리 삶에 있어서 가장 관심을 쏟고 사랑하고, 사랑 받아야 할 상대는 바로 가족인 것이다. 여기에 친구가 더해지고, 즐겨 찾았던 장소들이 추가되고, 즐겨 듣는 음악이 추가되고, 운동 경기가 추가되고…. 중요한 사실은 우리는 날마다 매달리는 일에서 오는 중압감을 덜어줄, 그래서 우리의 삶을 '피로 − 휴식 = 0'로 만들어 줄 그런 대상이 필요하다는 것이다.

내가 인터뷰한 인사들은 거의가 그렇게 삶의 균형을 잡아가는 데 탁월한 능력을 보인 사람들이다. 우리는 그들의 말에 주의를 기울일 필요가 있다. 그래서 우리도 그들처럼, '아, 나 사무실에서 더 일하고 싶은데…' 라고 할 정도로 넘쳐나는 열정을 항상 유지할 수 있어야만 한다.

● ● ●

앤너 퀸들런은 사무실의 컴퓨터 모니터 상단 오른 쪽에 'Say No' 라고 쓴 포스트잇을 항상 붙여 놓고 있다.

"나는 거의 모든 초청에 No라고 말한답니다. 어느 대학에서 강연을 해 달라고 해도, No!, 파티에 초대한다고 해도 No!, 이런 식이죠. 단, 그것들이 주말에 있을 경우에 말입니다."

우리 가족에게는 아무도 침범하지 못할 성역이 있지요. 그것은 우리 가족 다섯 명은 항상 주말을 함께 보낸다는 겁니다. 결과적으로 친구들과 주말에는 거의 만나지 못한다는 아쉬움도 있긴 하지만, 그렇게 함으로써 우리 가족은 항상 주말에는, 금요일 밤부터 일요일 밤까지, 얼굴과 얼굴을 맞대고 함께하는 시간을 보내 온 겁니다. 지난 20년 동안을요. 그러니까 당신도 친구들과 함께 할 수 있는 다른 방법을 찾아보세요. 주말은 말고요. 주말은? Family First! 입니다."

● ● ●

매트 라우어도 자기 자신의 시간 할애에 대하여 많은 관심을 기울이고 있는 사람이다.

"만약에 일이 삶 중 80%를 차지한다고 하면, 그것은 건강하지 못한 시간표임에 틀림없다. 내 생각에는 70:30이 돼야하지 않을까 싶다. 70%가 일이라고? 천만에! 30%가 일이라는 말이다. 그 밖에 나머지 70%의 시간은 가족, 친구, 자기 취미, 건강관리에 할애해야만 한다. 지난 수년간 나는 이 황금비율이 실현되도록 많은 노력을 기울여 왔다. 내가 결혼하기 전, 아이들도 있기 전에는, 나는 일에만 중독이 된 사람이었다. 출세를 위해서 정신없이 뛰었다. 아마도 그때의 비율이 30:70이 되지 않았나 싶다. 그러나 내가 결혼을 하고 아이들을 갖게 되자, 나는 그 비율을 서서히 개선해 나갔고 이제는 거의 70:30의 비율에 도달했다고 생각한다. 가령 내가 그 비행기에 올라탄다고 해서 아무 것도 달라지는 것이 없다면, 우리는 이렇게 과감하게 외쳐야 한다. '잠깐만요, 편집장님, 그 일은 나보다도 리차드가 하는 게 더 나을 것 같은데요?' 라고 말이다. 다른 말로 하면, 'No, Family First!' 인 것이다."

가정(家庭)을 먼저 하라는 매트의 주장도 상당히 일리가 있어 보인다. 그리고 그의 황금률이라는 70(가정) : 30(일)이라는 비율도 굉장히 이상적임에는 틀림없다. 그러나 우리가 기억해야 할 일은, 매트가 그렇게 말하기까지는 30년 가까운 세월을 죽기 살기 식으로 일에만 매달렸다는 사실이다.

● ● ●

우리들은 흔히 의사들은 환자들을 돌보는데 그들의 에너지를 100% 소진시킬 것이라고 생각한다. 이 관점에 대하여, 메멧 오즈 박사는 그렇게 되지 않기 위해서, 기쁨을 재생산하는 것이야말로 무엇보다도 중요하다고 강조하는 사람이다.

"우리 의학계가 안고 있는 가장 큰 문제는 '병을 약으로만 고치려고 한다' 는 사실입니다."

오즈 박사는 이렇게 말했다.

"당신이 어떤 환자를 돌볼 때, 당신은 자신의 몸에 있는 기(氣)를 그 환자에게 주어야만 합니다. 그리고는 그 기를 재생해야만 하지요. 만약 당신이 삶의 에너지가 약하다고 하면, 환자에게 주어야할 기가 없다는 말이 됩니다. 혹은 당신이 기를 준다고 해도, 당신 자신이 곧바로 병들어 버리게 되지요. 사실 우리들은 너무나도 우리 자신에게는 가혹한 편입니다. 우리들로부터 너무나 많은 것을 요구하지요. 받기만 하려고 한단 말입니다. 그러므로 만약 당신이 자신에게 기쁨, 또는 에너지를 다시 돌려주려고 하지 않는다면, 당신이라는 배는 서서히 침몰하게 될 것입니다.”

그는 말을 계속해 나갔다.

“인간이란 본래가 그러한 기를 재생할 수 있는 능력이 있는 존재입니다. 나에게 있어서는 그렇게 삶의 균형을 맞추는 비결은 바로 다름 아닌 가정입니다. 가정에서 나는 새 힘을 공급받죠. 아이들과 노는 시간이 없다면, 나의 에너지는 금방 바닥이 나고, 아마도 내일이나 모레쯤엔 당신 앞에 의사로서 이 방에 앉아있지 않을지도 모르죠.”

그는 자신의 좌우명을 이 책의 독자들을 위해서 다음과 같은 말로 요약해 주었다.

“당신이 자신에게조차 관대하지 못한데, 하물며 어떻게 감히 남들을 치료하기를 원하는가?”

· · ·

지금도 미국에서 제일 큰 자선기부 단체라고 알려져 있고 미국사람들의 자존심이라고까지 하는 록펠러재단의 이사장직을 수행하고 있는 쥬디스 로딘 박사는 이 주제에 대하여 어떤 관점을 갖고 있을까?

"나는 내가 모든 것을 다 소유할 수 있다고 생각했다. 많은 세월이 흐른 후 과연 그 말은 옳다고 다시 한번 확신하게 되었다. 그러나 그 답은 '동시에'가 아닌 '순차적으로'이다. 그러므로 매사에는 때가 있는 법이다. 어느 때에는 일에 더 많은 비중을 두어야 할 때가 있는 법이고, 또 다른 때에는 휴식이나 여가선용에 더 많은 비중을 두어야 할 때가 있다는 말이다. 그걸 가지고 어느 한 순간에 너무 자신이 한쪽으로 치우친 것은 아닌가하고 괴로워 할 필요는 없다고 본다."

비트 바카라치와 할 데이비드가 작사 작곡한 '자연의 조화'라는 유명한 노래가 있다. 그 노래는 자연이 얼마나 정교하게 스스로의 균형을 맞추어 나가는가에 대한 찬가이다. '봄은 겨울을 따라오고, 뜨거운 해는 비를 부르며, 웃음은 눈물을 수반한다'는 내용이다. 우리도 이 노래 가사를 음미하면서 우리들 삶의 성공을 향한 열정과, 재충전을 위한 편안한 휴식을 조화롭게 유지할 필요가 있다. 그것이 바로 신이 우리에게 명하는 것이 아닌가?

"균형을 유지하는 것이 매우 중요하다. 나는 사람들이 너무나 한군데에만 집중하고 다른 것들은 돌아보지 않음으로 해서 상처를 받는 일을 많이 보아 왔다. 만약 당신이 경력관리에서 성공하고, 결혼에서 성공하고, 교우관계에서 성공하기를 원한다면, 균형 잡힌 삶을 살도록 노력해야만 한다. 어느 한쪽에 치우치는 것은 결과적으로 다른 한쪽에서 불행을 자초할 것이다."

– Phil Lombardo

"만약 당신이 나의 아이들에게 물어본다면, 그들은 이렇게 말할 것이다. '우리 엄마는 축구 선수예요. 우리 엄마는요, 첼로 연주회도 함께 가지요. 우리 엄마는 우리들이 필요한 곳에는 언제든지 함께 있어요.' 나의 어머니가 그랬다. 나의 어머니는 내가 필요할 때면 언제든지 나와 함께 해 주셨다. 그래서 지금도 나는 아이들에게 꼭 필요한 엄마가 돼 주려고 노력하고 있다. 금요일 저녁부터 월요일 아침까지는 항상 아이들과 함께 한다."

– Jane Friedman

"남편과 나는 한 팀을 이루어서 살고 있다. 아마도 그것이 나에게 균형을 잡게 해 주는 힘이 아닐까 생각한다. 직장일의 성격상 나는 사실 균형을 잡기가 쉽지 않은데, 그런 상당 부분을 남편과 아이들이 메워주는 것이다. 우리들은 여행도 자주 다니며, 경기도 함께 관람하며, 사람들과 함께 지내는 것도 즐겨한다. 모든 면에서 서로 공통 관심사를 찾게 해 주려고 배려하는 편이다."

– Cathie Balck

제 5 부

성공을 위한 조언

당신이 가고자 하는 분야에서 최고인 사람을 찾아내어야
하며, 그 사람을 닮고자 하는 이유를 명확히 해야 한다.
그들의 과거의 행적에서 당신이 해야 할 역할을
찾아내는 것이다. 모방과 학습이 최상의 지름길이다.

자신을 재평가할
타이밍을 알라

나는 일이 즐겁지 않다면 어떤 일도 할 만한 가치가 없다고 생각한다. 단지 그렇게 생각만 할 뿐 아니라, 실제로 그런 신조(信條) 위에서 지금껏 살아왔다. 그때가 언제였던가? 내가 뉴저지의 오션 비치에 아침 일찍 앉아서 나의 50대를 꿈꾸어 보았던 때가. 그때 나는 무슨 잡지를 보고 있었는데, 거기에는 이런 글귀가 씌어 있었던 것을 기억한다. '오늘보다 더 중요한 날은 없다.' 그 말은 나를 여러 가지로 생각하게 만들었다. 나는 생각했다. 아마도 나의 인생이란 빠른 야간열차와도 같이 지나갈 것이라고. 그러니까 가능한 한 내 인생을 즐기면서 살아가자고. 그 이후로 비교적 짧은 시간이었지만, 나는 방송국의 제작 책임자라는 돈 버는 일을 끝냈다. WNBC-TV에 있을 때는 뮤지컬 무대에 서기 위하여 발성연습도 하곤 했다. 결과적으로 그 꿈을 이루진 못했지만.

우리 인생에선 분명히 잠시 가던 길을 멈추고 자기 자신을 돌아

볼 수 있는 냉정한 시간이 필요한 것이 사실이다. 만약 당신이 하고 있는 일이 흥미롭기보다는 지겹기만 하다면, 마치 벽에 부닥쳐 있는 것 같은 느낌이 든다면, 만약 당신이 에너지를 다 소모해 버렸다고 생각한다면, 이때야말로 자기 자신을 재발견하려고 시도해 보아야 할 때임이 분명하다.

● ● ●

2000년이 되기까지 짐 크레이머는 자기 분야에서 최고의 인기를 누리고 있었다. 월스트리트의 기준으로만 본다면, 그의 성공은 가히 전설적이라 할 만했다. 그러나 당신은 이러한 성공이 결코 돈만으로는 보상될 수가 없다는 사실을 알아야 한다. 그는 삶과 돈을 맞바꾼 것이다. 하루 종일 잠시도 쉬지 않고 일했으며, 결과적으로 가정생활이나 개인적인 삶은 늘 희생당했다. 놀랄 것도 없지만, 그의 몸은 완전히 소진된 것이다.

나이 마흔세 살이 되었을 때, 그의 일중독 현상은 아주 극에 달하게 되었다. 그는 하루에 무려 400개의 거래를, 그것도 엄청난 퍼센트의 수익률을 기록하며 완성시켰다. 그는 초인적인 체력으로 그 엄청난 거래를 다 해 냈고 그 많은 데이터를 다 기억해 냈다. 그러나 그의 이런 능력도 서서히 바닥을 드러내기 시작했다. 급기야는 어느 날, 걸음걸이가 엉키는 것을 느끼기 시작했다. 그는 당황했다.

"1998년의 어느 가을날이었어요. 걸음을 옮기는데 스텝이 엉키는 겁니다. 그때 나는 소리쳤죠. 오, 하나님, 이제 예전의 내가 아니군요!"

체력의 열세를 만회하기 위해서, 그는 날마다 조금씩 더 일찍 일어나기 시작했다.

"풍부한 나의 경험으로 체력의 열세를 충분히 커버할 수 있다고 생각했어요. 그런데 알고 보니 그게 아니었던 겁니다. 그건 그야말로 젊은이들의 게임이었어요. 머릿속에는 언제나 고객들의 신뢰를 잃으면 안 된다는 강박관념이 있었지요. '짐 크레이머는 최고의 선물 중개인' 이라는 강박관념 말입니다."

시기나 체력적인 문제 말고도 짐은 자기가 왜 이렇게 열심히 일하는지에 대한 뚜렷한 목표까지도 상실했다. 초기에는 그에게도 분명한 비전이 있었다.

"내게는 목표가 있었지요. 많은 돈을 벌어서 하나님을 영광스럽게 하겠다는 목표 말입니다. 그러나 내가 돈을 벌면 벌수록, 그 목표는 점차 조그맣게 줄어드는 거예요. 그러더니 나중에는 아예 작아서 보이지도 않게 되더라고요. 그러던 어느 날, 문득 깨달았지요. '아! 이러다가 어쩌면 내가 죽을 수도 있겠다' 고 말입니다. 그래서 과감히 그 월스트리트를 도망쳐 나오기로 결심했지요. 그리고는 실제로 그렇게 했습니다."

짐과 같은 경우는 매우 드문 케이스에 속한다. 자기가 한창 절정에 있을 때 그것을 과감히 박차고 나올 수 있는 사람 말이다. 그의 이야기는 계속된다.

"사람들은 날보고 돌았다고 하더군요. 낄낄거리면서 결국은 그런 바보 같은 결정이 나를 자살하게 만들 거라고 하더라고요. 나와 같은 유명한 헤지펀드 매니저는 아무나 될 수 있는 것도 아닌데, 그런 명성과 부를 왜 버리느냐고 하면서 말이죠."

그 후 짐 크레이머는 어떻게 되었는가? 미치지도 않았고 죽지도 않았다. 오히려 TV 방송의 진행자로서 훨씬 더 유명해 졌으며, 더 많은 돈도 벌었다. 그러나 사실 짐과 같이 그렇게 자기의 전성기에 자기가 하던 일을 포기한 용기 있는 사람들은 흔치 않다. 내가 기억한다면, 짐 브라운이 미식축구 선수로서 전성기 때에 제 발로 그라운드를 걸어 나왔고, 제리 신펠드가 그의 시트콤이 시청률 1위를 기록하고 있는 중에 무대에서 내려 왔으며, *로코 마르시아노가 전성기 때에 링을 박차고 나온 정도이다.

리키 크리먼은 그녀가 아주 어렸을 때부터 영화배우가 되겠다는 꿈을 꾸며 살았다. 12살 때, 지방 방송의 〈피턴 팬〉에 단역으로 출연하기도 하였으며, 그 후에는 노스웨스턴 대학에 들어가서 연극을 전공하였다. 리키는 자신이 탈렌트적 기질이 아주 풍부하다고 생각하고 있었는데, 어느 날 전혀 뜻하지 않은 일로 그녀의 인생은 180도 바뀌게 된다.

"대학 2학년 때였지요. 학교에서 하는 〈A Man for All Season〉이라는 연극에 오디션을 받으러 갔는데, 쉘리 롱이라는 1학년 후배가 제게 다가오는 겁니다. 그러더니 그 아이도 나와 똑 같은 토마스 무어 경의 딸 역할의 대사를 읽는 것이었어요. 그때 나는 객석에 앉아서 생각했지요. '나는 저 후배만큼 이 역할을 잘 해낼 수 없어.' 그 후배를 질투하는 건 아니었어요. 왠지 그 아이가 존경스럽기까지 하더군요."

그녀는 눈을 가늘게 뜨고 그때의 기억을 더듬었다.

"참으로 묘하고도 이상한 순간이었어요. '내가 도대체 이게 무슨 꼴이람. 그래도 네 살 때부터 연극을 하면서 살아왔는데…' 이런 생각이 드는 거예요. 그래서 대학을 졸업하고 뉴욕에 가서 연극 공부를 더 하기로 결심했지요. 영화 '대부'의 공개 모집에도 참가했죠. 큰 빌딩의 엘리베이터를 열고 들어가 보니, 그 장소에는 무려 나와 같은 지망생들이 200명이나 와 있는 겁니다. 모두가 다 미끈하게 빠진 8등신의 미녀들이었죠. 내 차례가 오기까지 줄을 서서 기다려야 했어요. 차례를 기다리면서 생각했죠. '이건 내 일생에 큰 전환점이 될 거야. 마이클 꼴로네와 연애를 하는 아폴로니아 역할을 해야지. 시실리의 해변 별장에서 벽난로 앞에 앉아서 사랑을 주고받는 장면은 너무 멋있지 않아?' 나는 모든 면에서 완벽했어요. 검고 치렁치렁한 머리에, 미모만큼은 어느 누구에게도 뒤지지 않을 자신이 있었죠. 그러나 200명이 넘는 '나'를 둘러보았을 때, 그들이 하는 말에 나도 모르게 귀가 기울여 지더라고요. 그들의 대화는 이런 것들이었어요. '나는 브로드웨이에서 〈Hair〉에 출연 했어' '무슨 역이었는데?' '오펠리아 역이었지.' 그리고는 조용히 생각했죠. '여기 있는 이 200명이 정말 대단한 아이들이구나. 그런데 이들이 모두 배역을 구하고 있단 말이군…' 마침내 내 차례가 왔지요. 무대에 나가서 연기를 해 보았는데, 순간 너무나도 당황했죠. 모든 시선이 나에게 집중된 거예요. 오디션이 끝나고 나왔을 때, 내가 단 한 줄이라도 제대로 읽었는지조차 기억이 없더라고요. 그래도 오디션이 끝나고 집으로 오는 버스 안에서 중얼거렸어요. '난 꼭 그 배역을 맡을 거야. 그리고 그 역을 앞으로 20년간은 하고 말겠어.' 그때 제 나이가 25살이었어요. 난 정말 사무실에서 책상이나 지키는 비서 같은 건 죽어도 할 수 없다고 생각했지요. 멍하니 앉아 있다가 65세까지 기다려서 연금이나 기다리는 그런 삶 말이에요. 그러나 오디션의 결과는 낙방이었어요. 젊은 나이 25살에 정말 큰 좌절을 맛본 셈이죠. 그 당시 연기자로서의 꿈은 나의 전부였으니까요."

“그래서 어떻게 했습니까?”

내가 물었다.

“모교인 노스웨스턴 대학으로 은사님을 찾아 갔지요. 언제나 제게 조언을 해 주시던 분이었어요. 그 교수님과는 예전에도 많은 난상토론을 벌인 적도 있었지만 그분은 항상 제게 친절하게 해 주셨죠. 나는 교수님께 모든 것을 다 털어 놓았죠. 그 분이 말씀하셨어요. ‘리키, 너는 잘 하고 있어. 지금 이 순간을 너의 인생항로에서 첫 번째 궤도 수정이라고 생각해보렴. 나는 네게 로스쿨을 갈 것을 권한다. 한번 진지하게 생각해 보지 않겠니?’ 그분은 정말 다정한 미소를 지으시면서 내게 말씀하셨죠. ‘로스쿨은 여자들한테 어울리지 않아요, 교수님’ 내가 이렇게 반박했어요.”

“정말 그렇게 말했단 말씀입니까?”

내가 물었다.

“네, 그래요. 그렇게 말했어요.”

그녀가 고개를 끄덕이면서 말했다.

“그랬더니 교수님은 제게 이렇게 말씀해 주셨죠. ‘아냐, 리키. 지금은 여자가 로스쿨에 가는 경우가 아주 드물지만, 이제 앞으로 20년 후면 법조계에도 여성의 바람이 불거야. 난 지금 너의 먼 장래를 위해서 이야기하고 있는 거야.’ 이렇게 말이죠.”

이렇게 해서 리키는 자신이 전혀 생각해 보지도 않았던 법조계에 발을 들여 놓게 된다. 그녀는 LSAT 시험을 보고 로스쿨에 진학하고, 결국은 변호사의 길을 걷게 된다. 그녀가 재판 변호인으로 유명세를 타게 되자, Court TV에서 그녀를 스카웃하게 되는 것이다. 그 때부터 그녀는 변호사의 일과 TV 진행자로서의 두 가지 일을 하게 되는데, 결과적으로 리키는 어린 시절 꿈꾸었던 연기자로서의 역할 도 하면서 자기의 열정을 불태우게 된 셈이다.

사실 어느 누구건 자신이 오랜 기간 준비해 오고 정열을 불태워 왔던 꿈을 접고, 자신의 위치를 냉정하게 파악해보고, 그 꿈을 중도 에서 포기한다는 것은 결코 쉬운 일이 아니다. 그것은 정말 큰 용 기가 필요한 일이기도 하다.

나는 리키의 경험을 이런 말로 요약해 보고 싶다.

"만약 당신이 지금 이런 상황에 처해 있다면, '자신의 본능에 의 지하라' 하는 말로 충고를 대신하고 싶다. 그 본능이 당신을 정말 가야할 길로 인도할지도 모르기 때문이다."

● ● ●

자신이 옳다고 생각해 왔던 것이 나중에는 잘못된 것임을 깨달았 을 때, 우리는 선택의 기로에 서게 된다. 그 길을 계속 갈 것인가, 아니면 다른 길을 선택해서 손실을 최소화 해야만 할 것인가를.

메사 그릴에서의 성공에 힘을 얻은 바비 프레이는 메사시티라는 다른 식당을 뉴욕에 오픈하게 된다. 그것은 메사 그릴의 축소판으로 앞으로 30개 이상의 같은 점포를 미국 전역에 개점할 예정이었다.

"우리는 그 점포를 일년 반 이상이나 유지했지요. 그렇지만 난 그 메사시티를 혐오했지요. 왜냐고요? 사실 그것은 식당이라기보다는 비즈니스였거든요. 막상 해보니까 내가 맨 처음 구상했던 것과는 많이 차이가 있더라고요. 사람들은 메사시티에 와서 불만을 이야기합니다. '이건 메사 그릴 맛이 아닌데…' 그러면 우리들은 이렇게 대답하죠. '네, 손님, 여기는 메사 시티입니다. 메사 그릴과는 다른 컨셉이죠' 라고 말이죠."

바비는 흥분해서 말을 계속해 나갔다.

"그 식당은 많은 돈을 벌어 주었어요. 그럼에도 불구하고 난 그 식당을 별로 좋아하지 않았어요. 결국 나는 그 식당 사업권을 그 건물주에게 팔아 버렸지요. 그랬더니 지역 신문에서는 우리 메사그릴이 망했다고 날마다 야단법석을 떠는 겁니다. 실제로는 그게 아닌데 말입니다. 난 그 메사시티를 팔아 치우고 나서 얼마나 홀가분했는지 몰라요. 내가 진정으로 원했던 식당은 그게 아니었거든요."

바비 프레이는 자기의 소신을 이렇게 줄여서 설명해 주었다.

"내가 만족하지 않으면, 난 아무리 돈을 많이 번대도 그 일을 하고 싶지 않아요."

외모는 중요한가?

우리가 가장 답하기 어려운 질문의 하나가 바로, '외모가 당신의 성공에 얼마나 영향을 주었는가? 또는 어떻게 나쁘게 작용하였는가?' 일 것이다. 이 책에 등장하는 인물들은 이 질문에 과연 어떻게 답하고 있을까? 그 대답은 그야말로 희비쌍곡선(喜悲雙曲線)을 달린다. 자, 이제부터 그들의 대답을 들어보자.

"내 생각에 우리 모두는 자신들의 외모에 대하여 어느 정도의 불안감을 갖고 있다고 본다. 나는 분명 영화배우는 아니다. 그러나 나는 언제나 남에게 보이는 외관은 중요하다고 생각해 왔다. 고등학교 시절엔 분명 나만의 영역이 있었다. 나는 뛰어난 운동선수는 아니었다. 외모가 출중한 편도 아니었다. 옷을 항상 잘 입는 학생도 아니었다. 그렇지만 항상 다른 사람들에게 주의를 끄는 사람이고 싶어 했고, 그것을 어떤 의미에서는 패션이라고 부를 수도 있겠지만, 바로 그런 자세가 다른 사람들에게 먹혀들어갔던 것 같다."

– Joseph Abboud

"어느 누구에게나 자신 없는 부분은 있다. 길가는 사람 누구를 잡고 물어보든지, 다 자신들은 완벽하지 않다고 말할 것이다. 코가 이상하다는 사람, 자신이 뚱뚱하다고 생각하는 사람, 키가 작은 것이 불만이라는 사람 등등, 그 불만은 끝이 없다. 당신이 *체릴 티그가 아닌 이상은 누구에게도 자기의 용모를 자신 있다고는 못할 것이다. 나 역시도 자신 없는 부분이 있다. 목소리가 개구리소리 같은 것이 나의 결점이다. 그러므로 결론은, 당신의 외모에 자신을 갖고 격려해야 될 사람은 바로 당신 자신밖에는 없다는 사실이다."

– Joy Behar

"내 생각에는 아마도 대학을 갓 졸업한 사람에게는 외모가 어느 정도 영향을 줄 것이라고 본다. 시장성이 있다고 생각되어지는 사람들에게는 더욱 그렇다. 내 경우가 그랬으니까. 테니

Tips & tips

체릴 티그(Chery Tiegs) : 1970년대와 80년대에 맹활약했던 수영복 패션 모델이다. 빼어난 몸매로 17세때부터 글래모어, 보그, 엘리, 바자르, 타임지 등의 표지 인물로 자주 등장했으며 처음으로 패션모델계에 '신장 175cm 이상' 이라는 기준을 제시한 여성으로 유명하다.

스 선수는 많이 노출된다. 아메리칸 풋볼 선수의 경우에는 헬멧을 쓴다. 하키도 마찬가지이다. 야구선수의 경우는 모자를 쓴다. 그러므로 사람들은 그 선수들을 있는 그대로 볼 수가 없다. 그러나 테니스 선수는 다르다. 하나의 완전한 매치를 끝내려면, 어떤 경우에는 4시간씩 걸리는 때도 있지만, 관중들이나 시청자들은 선수를 거의 완전한 노출 상태로 지켜보고 있는 것이다. 그래서 나이키가 나를 꽤 상품성이 있는 물건으로 판단했던 것 같다. 그러나 당신이 자신을 계속 발전시켜 나가게 된다면, 사실 그때는 외모가 그리 중요하게 작용하지 않는다. 그때는 오히려 그 사람의 인품, 도덕성 등이 더 큰 비중을 차지하는 것이다. 나는 사람들에게 너무 외모에 신경 쓰지 말라고 권하고 싶다."

– James Blake

"웃음이야말로 우리 자신을 순수하게 보이도록 하는데 가장 크게 필요한 요소가 아닐까 싶다. 나는 지금껏 삶을 아주 즐기면서 살아왔다. 항상 웃으면서 사는 삶, 그런 자세가 내게 큰 도움이 되었던 것 같다."

– Sir Richard Branson

"그것 참 어려운 질문이군요. 글쎄요… 당신 같으면 어떻게 말하겠어요? 내 경우는, 항상 외모에 자신을 갖고 살았어요. 약간 고전적인 이미지를 풍기면서도 단순한 모습 말이죠. 그것

이 바로 나의 브랜드가 되었죠. 나의 브랜드는 바로 나 자신이
랍니다."

-Bobbi Brown

"외모란 주관적인 겁니다. 어떤 때는 유리하게 작용하기도
하지만, 또 다른 때는 불리하게 작용하기도 하지요. 지금까지는
외모가 나에게 많은 도움을 주었다고 생각합니다. 그러나 요즘
의 음악계를 보면, 너무나도 외모에 비중을 두는 것 같아 상당
히 우려스럽습니다. 음악과 외모는 전혀 별개의 문제라고 보니
까요."

-Peter Cincotti

"나는 결코 잘 생긴 앵커는 아니지요. 그렇지만 사람들은 내
가 머리가 좋다거나 또는 일에 열심이라는, 이런 면을 더 높이
사주는 것 같아요. 월스트리트에서 헤지 펀드를 거래할 때는
사무실에서만 일하면 되니까, 외모에 전혀 신경 쓸 일이 없었
죠. 그렇지만 방송인이라는 직업은 사람들에게 항상 노출되기
마련이죠. 그럼에도 불구하고 나의 결론은, 내가 아마도 미남이
었다면 나는 그 사실로 인하여 많은 지장을 받았을 것임에 틀
림없다고 생각합니다. 무슨 말인지 이해되시죠?"

-Jim Cramer

"사람들은 나의 외모를 보면 연민이나 동정심을 느끼는 것 같다. 주지사를 12년이나 했는데, 그렇게 되기까지는 나의 외모가 많이 도움을 주었던 것도 사실이다. 나는 잘 생겼다기보다는 사람들을 편안하게 해 주는 타입이다. 내가 정치가로 있으면서 얼마나 많은 사람들이 나에게 눈 밑의 주름제거수술을 받으라고 권했는지 모른다. 그러나 나는 '그냥 이대로의 내가 좋다'고 하면서 그들의 권유를 뿌리쳤다. 사람들을 등 돌리게 만드는 원인은 언제나 당신 자신에게 있는 것이다. 예를 들면, 당신이 유세장에 가서, 사람들 앞에 잘난 체하고, 거물인 척하며, 외국물을 먹은 듯 행세하면, 사람들은 이렇게 말할 것이다. '아, 나 저사람 싫어. 상대하기 피곤한 사람 같아!' 실제로 내가 어렸을 때, 유명한 정치인이 연설을 하면서 게으름을 피웠다. 나는 그 사람이 너무나 멋있어서 '엄마, 참 멋있지요?' 그랬더니, 어머니는 '아니. 나는 저 사람 찍지 않을래.' 그래서 내가 물었다. '왜요, 엄마?' '애, 저 사람 눈 좀 봐라. 마치 우리를 내려다보는 듯이 내리깔고 있잖아.' 그때 나는 깨달았다. '아하! 사람들에게 겸손하게 보이는 것이야말로 승리하는 비결이구나' 라고."

– Mario Cuomo

"우리가 이 사실을 인정하려 들건 말건 간에, 우리는 매력적인 사람에게 더 가까이 가려고 팔을 뻗는, 그런 사회 속에서 생활하고 있는 게 엄연한 현실이다. 직장에서 인터뷰를 하거나 길거리에서 길을 물을 때조차도 뚱뚱하고 못생긴 사람보다는, 날씬하고 잘 생긴 사람이 더 좋은 대접을 받을 가능성이 훨씬 많다. 이러한 사회의 편견도 잘못 되었지만, 플레이보이 회사가 미(美) 만을 지나치게 강조하는 회사라는 선입견도 대단히 잘못 되어 있다. 우리는 미보다는 매력을 더 강조한다. 바로 그러한 사실이 나를 이 회사의 대표 겸 대변인 자리에 오랫동안 있게 해 준 원인인 것 같다는 생각을 한다."

- Christie Hefner

"그게 아마도 내가 상원의원 선거에서 패배했을 때라고 기억 된다. 그때에는 지금 생각하면 말도 안 되는 이야기지만, 여성 은 상원에 진출해서는 안 된다는 편견이 강하게 자리 잡고 있 었다. 그러면서 나를 보고 '그런대로 괜찮게 생긴 여성'이라고 말하곤 했다. 나의 비교적 잘생긴 외모가 정치 역정에서 상당 히 부정적으로 작용했다고 본다. 왜냐하면, 바로 그런 점 때문 에 나의 진짜 실력을 제대로 보여줄 수 없었기 때문이다. 더 솔 직히 말하면, '뭐 잘생긴 여자가 정치까지도 잘 할 수 있을까?' 하는 식의 잘못된 선입견 말이다."

- Kay Bailey Hutchison 상원의원

"당신이 '외모'라고 말할 때, 나는 그것을 꼭 '잘생긴 당신' 을 가리키는 것은 아니라고 본다. 내가 젊었을 때는, 그 외모라는 것이 나에게 도움이 될 것이라고 생각한 적도 없었고, 반대로 그것 때문에 내가 상처를 받게 될 것이라고 추측해 본적도 없었다. 외모는 그냥 그대로 겉으로 드러난 모습일 뿐이라고 여겼던 것이다. 내가 직장을 여러 번 잃었을 때는, 그것은 마치 두 개의 날을 가진 칼과도 같았다. 그때는 중역이나 회사의 사람들이 나를 볼 때면, 너무 멋있는 사람으로 여기곤 했다. 그런데 어느 날인가 갑자기 나의 평판이 아주 나빠진 것이었다. 내가 지나치게 화려하게 꾸미고 다니고, 옷도 잘 입고 다니고 머리도 아주 단정하게 빗고 다닌다는 것이었다. 동료들은 내가 너무나 젊어 보인다면서 내게 접근하기를 꺼려했다. 그때에는 멋있게 보인다는 것이 내게는 오히려 큰 상처였다. 그로부터 많은 세월이 흐른 뒤, 경력도 붙고, 머리도 많이 빠지고 나니까, 오히려 사람들은 나에게서 편안함을 느낀다며 좋아했다. 그때 나는 빠져나가는 머리를 보호하기 위해서 머리를 아주 짧게 하고 다녔는데, 옆을 지나던 사람들이 나를 가리키며 이렇게 말하는 것이었다. '이봐, 매트, 고마워. 나도 당신처럼 짧은 머리를 했어. 머리가 점점 빠지니까 그걸 막으려고 별 짓을 다 한단 말이야.' 이렇게 말하면서 나에게서 일종의 동지의식을 느낀다고 했다. 내 생각에는 머리가 빠져서 옛날보다 덜 멋있다고 느꼈는데, 오히려 사람들은 그런 나를 편안하다면서 좋아하는 것이었다. 이때가 돼서야 나는, 사람들에게 더 자연스럽게 다가갈 수 있는 나 자신을 발견한 것이다."

– Matt Lauer

"당신의 자산을 잘 활용하라. 개성은 곧 좋은 자산이다. 외모도 또한 자산이다. 그러나 많은 사람들은 이런 사실을 잘 깨닫지 못하는 것 같다. 이 두 개의 자산을 잘 활용하지 못하고 게으르게 사는 사람은 매우 한심하고 부끄러운 사람임에 분명하다. 만약 당신이 좋은 마음과 훌륭한 외모라는 두개의 자산을 갖고 있다면, 그 두 개의 자산을 적절히 활용하여 당신을 발전시켜야만 한다."

- Phil Lombardo

"꼭 멋지게 생기고 잘 차려입을 필요는 없다. 그러나 당신이 TV 앞에 선다면, 자신을 노출시킬 준비가 되어 있어야만 한다. 모든 면에서 완벽하게 준비를 하고 나와야만 하는 것이다. 왜냐하면, TV를 보는 사람들은 TV 속의 사람을 닮아가고 싶어하는 경향이 있기 때문이다."

- Bill O'Reilly

"외모가 큰 의미를 지니고 있다는 사실만큼은 누구도 부정할 수 없다. 특히 첫인상은 매우 중요하다. 그렇지만 그런 발상은 매우 단견적(短見的)인 것일 수 있다. 외적인 매력은 분명 도움이 된다. 그러나 매스컴에 등장하는 많은 매력적이고 멋있는 사람들 중에서, 정작 그 내면은 형편없는 사람들도 얼마든지 있다. 그리고 그런 추악함은 곧 바로 밝혀지게 된다.

겉보다는 속마음(Beauty is but skin-deep)이라는 속담도 있지
않은가."

- Dr. Mehmet Oz

"내가 '그건 별로 관계가 없어'하고 말하기를 기대할지 모르
겠다. 그러나 나는 그것은 사실이 아니라고 생각한다. 최근까지
도 나는 대다수의 사람들보다도 더 키가 컸다. 많은 사람들과
서 있어도 항상 자신이 있었다고 생각한다. 나의 아버지는 언
제나 내게 옷을 산뜻하고 말쑥하게 차려입을 것을 주문하셨다.
아버지의 그런 가르침은 평생 내게 많은 도움이 되었다고 생각
한다. 아버지의 말씀대로 항상 반듯하게 하고 다녀야만 한다."

- Tom Perkins

"패션계에서 일하고 있기 때문에, 멋진 옷을 입고 미끈한 다
리를 가졌다는 사실이 내게 당연히 큰 도움이 된다고 생각한다.
내가 디자이너로서 항상 주장하는 것은 '여자처럼 느껴라'는
것이다. 그런 생각이 중요하다고 보는 이유는, 당신이 여성으로
서 누릴 수 있는 이점을 최대한으로 살리라는 말이기도 하다.
나는 당신에게 그 점을 강력히 권하고 싶다."

- Diane von Furstenberg

"내가 보기에 나는, 내가 무엇을 해야 할 것인지에 꼭 맞게

끔, 나 자신을 개발해 왔다고 생각한다. 내가 그저 적당히 그렇고 그런 정도밖에 되지 않았다면, 나는 분명 인생에서 엄청난 실패를 경험했을 것이다. 실패한 나 자신을 용납할 수 없는 내가, 또다시 나를 파괴하는 악순환이 계속 되었을 것이기 때문이다."

- Renee Zellweger

성공한 명사들의 충고

내가 이 책에 등장하는 명사들에게 마지막 인터뷰로 던진 질문은 '만약 당신의 분야에 새로 진출하려는 초심자들이 있다면, 그들에게 어떤 충고를 해 줄 것인가?' 하는 것이었다. 진정 그들의 대답은, 삶과 경륜에서 우러나온 깊이 있는 것들이었다.

• • • •

"만약 당신이 패션 분야에서 창조적인 인물이 되고자 한다면, 당신에게는 분명한 관점 또는 자기주장이 있어야 한다. 또 한편으로 내가 교실에서 가르친 바 있는, 차별화라는 무기도 지녀야만 한다. 예를 들어 당신이 남성복 사업을 시작한다고 치자. 당신은 '나는 또 다른 랄프 로렌이 될 거야'라고는 말할 수 없다. 또는 '나는 제2의 조르지오 아르마니가 될 거야'라고 말해서도 안 된다. 이것이 바로 POD(Point of Difference)의 요소인 것이다. 당신은 시장에 존재하지 않는 그 무엇인가를 가지고 뛰어들어야만 한다. 그러한 차별화를 슬기롭게 해 내야만 한다. 당신은 상업적인 마인드로 무장되어 있어야만 한다. 당신의 제품이 시장에 먹혀들어가지 않는다면, 커머셜 마인드는 제쳐두고 너무나 예술적인 면만을 강조하지는 않았는지를 곰곰이 반성해 볼 줄도 알아야 한다는 말이다."

- Joseph Abboud : 남성의류 디자이너

"그 말은 너무나도 간단하고 기초적인 질문처럼 들린다. 그러나 입장을 바꾸어서 당신이 고객의 입장이라고 생각해 보자. 나는 당신에게 최선을 다하라고 권하고 싶다. 이 사업은 영화나 연극공연 사업과는 또 다른 것이다. 파티 이벤트 사업은 단 한차례로 끝나는 것이다. 그러므로 만반의 준비가 되어 있어야만 한다는 것이다. 매사를 고객의 입장에서 점검하는 자세가 중요하다."

- Preston Bailey : 파티 이벤트 플래너

"내가 해 주고 싶은 말은 '돈을 위해서 그 직업을 선택하지 말라'는 것이다. 나는 언론 쪽의 일을 돈을 목적으로 선택하지는 않았다. 실제로 또 돈을 목적으로만 저널리즘 분야로 진출하는 사람도 없다. 우리는 그 일을 사랑하기 때문에 한다. 나도 그랬다. 그러므로 당신도 자신이 하는 일을 사랑해야만 한다.

또 하나 내가 똑같은 비중을 두고 당신에게 충고하고 싶은 말은, '올바른 일을 하라'는 것이다. 그 이유는 당신의 명성은 평생 동안 당신을 따라다니기 때문이다. 단순히 '올바른 일을 하려고 노력하는' 것이 아닌, 진정으로 올바른 일을 하라는 말이다. 우리들 모두는 우리들의 가슴 깊은 곳에서부터 무엇이 옳은지, 무엇이 옳지 않은지를 잘 알고 있다. 돈을 목적으로 하지 말라는 것, 올바른 일을 하라는 것, 이 두 가지가 내가 해주고 싶은 충고의 전부이다."

– Maria Bartiromo : TV 저널리스트

"첫번째는 정직하라는 것이다. 두 번째는 당신을 내 보이라는 것이다. 그것도 아주 가능한 한 많이. 그리고 세 번째는 열심히 일하라는 것이다. 당신이 성공하기 위해서는, 그 중 무엇보다도 '열심'이라는 단어를 기억해야만 한다.

나는 하루 저녁에 여섯 개의 개그 프로에 출연한 적도 있다. 그 여섯 개의 프로에 차례로 출연할 때마다, 나는 하나씩 또 하나씩 더 많은 것을 배워 나갈 수 있었다. 열심히 하되, 매 순간 순간마다 자신을 조금씩 향상시키려는 자세, 이것 역시도 성공을 위해서는 아주 소중한 마음가짐이다."

– Joy Behar : 개그맨 & TV 쇼 진행자

"만약 당신이 고등학교와 대학시절을 우수한 성적으로 마치고 이제 막 프로의 세계에 진출하려고 한다면, 당신이 지금껏 이룩한 결과들을 모두 내려놓고 더 이상 과거에 이룩한 업적들에 미련을 두어서는 안 된다고 생각한다. 왜냐하면, 그것이 실제 프로들의 세계에서는 별다른 의미가 없기 때문이다. 그것은 성공을 보장해 주지 못한다. 프로들의 세계에 들어와서 성공하는 사람들의 경우는, 그들이 과거 학창시절에 공부를 잘 했기 때문이 아니라, 실제로 프로 세계에 진출해서 남들보다 더 많이 노력했기 때문이다. 학창시절에 성공하고도 프로 세계에서 실패하는 사람들의 경우를 보면, 대다수가 자신들이 과거에 이룩했던 보잘 것 없는 업적에 연연하며 쓸데없는 시간과 에너지를 낭비하고 있는 사람들이다. 명심하라. 당신이 아무리 많은 업적을 학창시절에 쌓았다하더라도, 프로의 세계에까지 그것들을 옮겨 올 수는 없다는 사실을. 그러므로 당신은 자신을 끊임없이 개선하는 노력을 해야만 한다. 프로들의 세계에선 자신의 실력만이 통하지, 떠들썩한 명성이나 화려한 관중동원 능력이나 과거의 전적 따위가 통하는 게 아니다."

– James Blake : 테니스 스타

"가장 훌륭한 요리사란 요리업계에 어떤 일이 일어날까를 항상 염두에 두고 마음을 활짝 열어 놓고 일하는 사람이다. 또 한 편으로 요리사에게 있어서 여행이란 너무나도 중요하다. 요리사는 세계의 곳곳을 여행하면서 그 나라, 그 지방의 요리를 맛

보아야만 한다. 그러나 가장 중요한 것은, 그 중 하나를 골라서
자기 자신만의 독특한 요리비법으로 만들어야 한다는 사실이다."

– Daniel Boulud : 요리사 & 외식사업가

"당신의 열정과 취미를 따르라. 기업가의 입장에서 본다면,
기업가가 되는 진정한 지름길이란 없다. 자신이 아래쪽으로 내
려가는 것을 막아야 한다. 내가 버진 항공사를 설립할 때 나는
버진 레코드라는 회사를 소유하고 있었다. 그래서 나는 보잉항
공사와 협상할 때도 '버진'이란 이름을 계속 사용하기를 고집
했다. 그래서 성공했다. 이 말을 기억하라. '작은 것이 아름답
다'는 격언 말이다. 항상 작게 시작하라. 그래서 그것이 커지면
두개로 쪼개라. 그 회사가 다시 커지면 네 개의 회사를 만들어
라. 사람들은 작은 회사에서 근무할 때에 조직에 대한 충성심
도, 기동성도 더 높아지는 법이다."

– Sir Richard Branson : 기업가

"무엇보다도 다른 사람들에게 친절한 태도를 견지할 필요가
있다. 이것이 가장 중요한 첫번째 덕목이다. 왜냐하면, 당신에
게 친절을 받은 사람은 결코 당신을 잊지 못할 테니까. 두 번째
로는, 재능을 갖고 있을 필요가 있다. 만약 자신에게 재능이 없
다고 생각되는 사람은, 될 수 있으면 다른 사람들을 도와주어
야만 한다. 그런 친절한 삶 속에서 무언가 남들로부터 배울 수

있는 것이 있게 마련이다. 나는 지금도 심지어는 나의 조수들
로부터도 끊임없이 배우고 있다. 절대로 불만을 이야기하지 말
라. 절대로 포기하지 말라. 항상 전진하라. 비록 지금 당신이
Vogue 잡지의 표지 모델이 되지는 못하더라도, 그렇게 하다보
면 언젠가는 꿈을 이룰 것이다. 한마디 더 추가한다면, 항상 자
신의 몸매를 잘 가꾸라는 말이다. 사실 이것은 아주 기본적인
사항이긴 하지만."

– Bobbi Brown : 메이크업 아티스트

"많은 사람들이 이렇게 말하는 것을 들었다. '네, 한편으로는
이렇기도 하고, 또 다른 한 편으로는 저렇기도 하고…' 그러나
나에게는 사람들에게 확실한 방향제시를 해 주어야 할 책임이
있다. 그러므로 나는 자신의 관점에서 확실한 신념이 있는 사람
을 원한다. 실수가 있다면 솔직히 그것을 인정하고 곧바로 대응
할 수 있는 사람, 그래서 투자자의 손실을 최소한으로 막을 수
있는 사람, 그런 사람만이 이 업계에서는 성공할 수 있다."

– Jim Cramer : TV 진행자 & 투자 분석가

"당신은 음악에 열정을 갖고 음악을 사랑해야만 한다. 음악
에 모든 것을 바치겠다고 단단히 각오하지 않는 한, 결코 이 업
계에서 성공할 수 없다."

– Clive Davis : 음악업계 기업가 & 신인 발굴 전문가

"풍부한 지식을 갖추고 있다는 것이 TV 쇼 비즈니스에서는 아주 중요하다. 나는 누가 레몬을 하나 갖고 나온다고 하면, 그것을 주제로 당신과 한 시간 이상을 이야기할 수도 있다. 무슨 일을 하건, 다방면에 걸쳐서 풍부한 지식을 갖추고 있다는 것은 아주 중요하다."

– Bobby Flay : 요리사 & TV 쇼 진행자

"제일 중요한 것은 초점을 맞추는 게 아닌가 싶다. 경력 개발과 사다리를 올라가는 게임에서 제일 중요한 것은 초점(Focus)을 잃지 않는다는 것이다. 만약 당신이 편집자가 되고 싶다면, 다른 사람들의 책을 많이 읽기를 권한다. 그렇게 함으로써 그들의 사상과 아이디어를 그들과 공유하게 되는 것이다. 커뮤니티를 형성하는 게 중요하고 많은 친구들을 사귀는 것도 역시 중요하다."

– Jane Friedman : 출판사업가

"만약 방송계에서 성공하고 싶다면. 나는 작은 지방방송사에서부터 출발하기를 권한다. 대학을 졸업하자마자부터 '나는 뉴욕에 가서 뉴욕 TV의 톱스타가 될 거야.' 라고 말한다면, 그런 일은 실제로 일어날 가능성이 없다. 그러므로 처음은 작은 곳에서부터 출발하라. 그러다 보면 기회가 분명 올 것이다."

– Phil Lombardo : TV 방송국 소유자 & 방송 매니저

"레스토랑 업계에서 어떻게 성공 하느냐고? 그렇다면 무엇보다도 본인 자신의 완전하고도 헌신적인 열정이 있어야 한다. 레스토랑 비즈니스라는 것은 일종의 가족사업적인 측면이 있다. 그러므로 아내도 있어야 하고 또 자식들도 있어야 한다. 당신이 여성이라면 당신의 일을 함께 해 줄 남편 말이다. 그렇게 온 가족이 헌신적으로 봉사할 때에만이 식당업은 성공할 수가 있는 것이다."

– Marco Maccioni : 식당 운영자

*"딜버트를 읽어라. 약간은 과장되기도 했지만, 기본적으로 그것은 많은 진실을 포함하고 있다."

– Craig Newmark : Craigslist.com의 설립자

Tips & tips

딜버트(Dilbert)는 Scott Adams라는 사람이 만든 보통 4개의 장면으로 되어있는 카툰인데, 화이트칼라 사무직원들의 애환을 풍자적으로 그리는 것으로 유명하다. 1989년에 처음 시작한 이래, 현재는 전 세계 65개국에서 번역되어 각종 신문에 게재되고 있으며, 단행본으로도 수십 종의 책이 나왔다. 딜버트는 보통 다음과 같은 주제를 자주 다룬다..
- 사무실 내에서의 특이체질적인 사람
- 데이트를 해도 번번이 퇴짜 맞는 사람
- 능력 없는 상사를 우회적으로 비난
- 직장에서의 권위주의 비난
- 일반 대중들의 멍청함을 풍자
작가인 Scott Adams는 수십 개의 상을 타기도 했으며 그가 만들어 낸 이미지 Dilbert는 포춘지를 포함하여 여러 개의 잡지에 표지 모델로도 등장하였다.

"그것이 어느 분야이건, 꼭 방송일 필요는 없지만, 당신은 언제라도 감정이 상할 수도 있다는 사실을 염두에 두고 일해야만 한다. 대부분의 젊은이들은 다른 사람들로부터 상처를 받자마자 곧바로 나가떨어져 버리고 만다. 그리고는 재기 불능의 상태에까지 가는 경우가 허다하다. 그러므로 당신은 자신을 견고하게 감쌀 수 있는 그런 보호막을 스스로 개발할 줄 알아야만 이 치열한 경쟁사회에서 살아남을 수 있는 것이다."

– Bill O'Reilly : TV 저널리스트

"지금 벤처 캐피털 업계에 뛰어 들면서, 1970년대에 하던 대로 해 보려고 시도하는 것은 무모하기 짝이 없는 일이다. 지금 우리들은 너무나도 많은 네트워크를 갖고 있으며, 너무나도 많은 외부 접촉에 노출되어 있다. 그러므로 내 생각에는, 만약 당신이 지금 벤처 캐피털 업계에 뛰어 든다면, 당신은 회사라는 조직체 속으로 들어가서 그 일을 시도해야 된다고 본다. 그 속에서 능력을 발휘해 보아야만 한다. 그리고 한참 경력이 쌓인 후에, 당신 스스로 독립하는 것이 바람직하다."

– Tom Perkins : 벤처 캐피털 투자자

"사람들이 저지르는 많은 실수 중 하나는, 너무나도 많은 네트워크를 형성하려고 시도한다는 데 있다고 본다. 나는 가끔 이렇게 묻는다. '당신은 무슨 이유로 네트워크를 만들려고 하는가?' 그것을 가지고 도대체 무슨 이득을 보려고 하는지 묻는다는 말이다. 대다수의 사람들은 제대로 준비도 되기 전에 많은 사람들 앞에 자신을 노출시키고자 안달이 나 있다. 만약 당신이 사람들 앞에 너무 빨리 나서게 되면, 후일에 큰일을 성취하더라도, 사람들은 당신을 설익은 애송이라고 치부해 버리고 말 것이다. 뭔가 큰일을 이루기 전까지는 가급적 자신을 자제하고 기다릴 줄 알아야 한다. 때가 되면 사람들은 당신에게 관심을 갖고 만나려고 몰려 올 것이다. 그때가 되면 당신은 할 말이 있을 것이고, 자신의 네트워크를 구성해도 좋을 것이다."

– Bob Pitman : TV 미디어 소유자

"나는 재능이 있는 젊은이들을 보면, '노력하라' 하고 충고하곤 한다. 계속 노력하기를 바란다. 어느 곳에서든지 당신이 글을 쓸 수 있는 곳이 있다면, 바로 그곳에서부터 시작하라. 당신의 글이 출판되어도 좋고 사장(死藏)된다고 하여도 좋다. 글쓰기는 마치 스포츠와도 같다. 음악과도 같고 때론 연극과도 같은 것이다. 그것은 마치 대중 앞에서 연설을 하는 것과도 같고, 나중에 정치가가 되는 것과도 같다. 글쓰기 연습이 당신을 완벽하게 만들 수 없을지도 모르지만, 분명 그것은 당신에게 도움이 된다."

– Frank Rich : 신문 컬럼니스트

"진정으로 당신이 무엇에 열정적인지를 유심히 관찰하고 그 방향으로 나가야 한다. 다른 사람들이 당신에게 이것을 잘 할 것 같다거나, 또는 저것을 하면 좋을 것이라고 하는 말에 현혹되지 말라. 아무리 작은 기회일지라도 그것이 당신의 재능을 시험하고 발전시킬 수 있는 것이라면 결코 놓치지 말아야 한다. 그리고 그 일을 하면서 실수도 가끔씩 저지르고, 위험도 기꺼이 감수하면서 자기의 실력을 발전시켜 나가야 한다. 건축은 독창성만의 결과라는 편협한 주장에 현혹되어서는 안 된다. 오히려 건축은 팀워크가 절대적으로 필요한 작업이다. 그리고 어떻게 다른 전문가들과 협조체제를 잘 구축할 것인지를 항상 연구해야만 한다."

– David Rockwell : 건축가

"쉽게 포기하지 마라. 그러기 위해서는 자신이 그렇게 열심히 싸우고 뭔가를 달성하려는 이유를 명확히 알고 있어야만 한다. 그리고는 당신이 가고자 하는 분야에서 최고인 사람을 찾아내야 하며, 그 사람을 닮고자 하는 이유를 명확히 해야만 한다. 어떻게? 그들이 과거에 했던 것을 그대로 따라 하는 것이다. 그들의 과거의 행적에서 당신이 해야 할 역할을 찾아내는 것이다. 모방과 학습이 최상의 지름길이다."

– Brooke Shields : 모델 & 영화배우

"기본적으로, 당신이 하고 있는 일에 전적으로 헌신하라. 서로 서로 협력하라. 나 자신을 위해서가 아니라 팀을 위해서. 협력이라는 게, 반드시 팀의 동료를 좋아해야만 하는 것은 아니다. 내가 강조하고자 하는 것은, 이 게임에 임하는 선수들, 코칭스탭, 그 외의 모든 진행요원들 하나하나는, 결국 그 게임을 이기기 위해서 존재하는 사람들이라는 사실이다."

– Joe Torre : 프로야구 구단 운영자

1. 당신이 지금 하고 있는 일을 사랑하고 그 열정을 사랑하라.
2. 지금 하고 있는 일에 관한 한 모든 것을 알려고 노력하고 학습하라.
3. 끈기 있게 밀고 나가라.
4. 협상하는 기술을 배우라.
5. 비전을 가지라.

– Donald Trumph : 부동산 황제

"재능이 있어야 하며, 남들보다 더 열심히 노력해야만 한다. 그것은 바로 현대가 경쟁사회이기 때문이다. 자신이 가진 탈렌트를 어떻게 하면 가장 잘 활용할 수 있는지를 스스로 연구하고, 그 재능을 계속해서 발전시켜 나가야 한다."

– Diane Warren : 음악 작사/작곡가

"당신이 좋아하는 일을 해야 한다. 그 이유는 바로 거기에 답이 있기 때문이다. 무엇보다도 먼저, 그 일이 당신에게 흥미를 주는가를 확실하게 파악해야만 한다. 당신은 연습하는 과정에서, 또는 오디션을 받는 과정에서, 또는 보잘 것 없는 보수를 받아보고서, 끊임없이 좌절하게 될 것이다. 그러나 그런 여러 번의 실패와 좌절에서도 자기 스스로가 만족해하고 기뻐한다면, 그리고 그 꿈이 아직도 소중하게 생각된다면, 당신은 틀림없이 큰 스타가 될 것이다."

- Renee Zellweger : TV 스타 & 영화배우

　이 책을 만드는 나의 사명은 독자들에게 가치 있는 길잡이를 제공하려는 데 있다. 나는 내가 갖고 있는 인터뷰 전문가로서의 역량을 최대한 발휘하였다. 그래서 이 책에 등장하는 명사들의 깊은 통찰력과 경험과 지혜를 찾아내려고 노력하였다. 만약 당신이 이 책을 통하여서 그들 명사들의 가르침 중에 단 한 가지만이라도 평생 가슴 속에 간직할 수 있다면, 나는 목적을 달성한 셈이고, 저자로서 그보다 더 큰 행복이 없겠다.

　이 책을 읽어 주신 데 대하여 감사한다. 당신에게 진심으로 행운이 있기를 바란다. 나의 아버지께서 언젠가 내게 해 주신 말씀, "네가 그곳에 몸을 담그고 나서야 비로소 그곳으로부터 탈출할 수가 있단다." 이 말씀은 진리였다. 실제로 시도해보고 겪어보지 않고는 아무 것도 얻을 수 없다는 사실 말이다. 나는 여기에다가 내가 얻은 통찰력 하나를 보태겠다. "오늘 하루 당신이 할 수 있는 모든 것을 다 해 보라. 왜냐하면, 오늘은 결코 다시 돌아오지 않기 때문이다."

당신의 앞길에 성공이 있기를,
Bill Boggs

나는 지금껏 500여종 가까운 경영/경제/처세에 관한 책을 읽었다. 그 중에서 제일 좋았던 책을 꼽으라고 한다면, 〈해방경영 -톰 피터스〉, 〈마인드 세트 -존 나이스 비트〉 그리고 〈시련은 있지만 실패는 없다 -정주영〉를 들 수 있을 것이다. 그러나 이 책을 번역하는 중에, 나는 지금껏 내가 좋아하던 책의 순위에 이 책을 넣어도 전혀 손색이 없겠다는 생각을 해 보았다.

여러 독자들이 이미 알고 있듯이 이 책은 어느 한 사람만의 이야기가 아니다. 오히려 40명이나 되는 많은 사람들이 나름대로의 성공철학을 간단간단하게 주제에 맞추어서 이야기 한 내용들이다. 그러나 그러한 짤막한 인터뷰 내용임에도 불구하고 거기에는 이들이 과거 30년 또는 그 이상의 세월을 열심히 노력하면서 각자 자기가 속한 사회(Society)의 상류층에 진입하려고 몸부림 친, 그들만의 치열한 삶의 흔적들이 고스란히 녹아있는 것이다. 저자인 빌 보그스는 참으로 인터뷰의 대가임에 분명하다.

자, 이제 기장의 안내방송이 들려온다.

"승객 여러분, 잠시후면 우리 비행기는 '성공 인터내셔널 에어포트' 에 착륙하겠습니다."

Good Luck!

2008년 4월 1일 옮긴이 다니엘 최